क़स्बे से मेट्रो

रंग बदलता आसमान

महेश बजाज

महेश बजाज

महाप्रबंधक (सेवानिवृत)
सेन्ट्रल बैंक ऑफ़ इंडिया
मोबाइल- 9570900465
ईमेल-maheshbajaj.author@gmail.com

कॉपीरायट / Copyright

सर्वाधिकार सुरक्षित. लेखक / प्रकाशक की लिखित अनुमति के बिना इस पुस्तक को पूरी तरह अथवा आंशिक रूप में, पुस्तक के किसी भी अंश को फ़ोटोकॉपी, रिकॉर्डिंग, इलेक्ट्रॉनिक या किसी भी ज्ञात-अज्ञात माध्यम से संग्रह व पुनः प्रयोग की किसी भी प्रणाली द्वारा इस पुस्तक का कोई भी अंश प्रेषित, प्रस्तुत अथवा पुनरुत्पादित नहीं किया जा सकता। यदि ऐसा किया गया तो यह कॉपीरायट सम्बंधित क़ानून का उल्लंघन होगा। हालाँकि, समालोचना के दृष्टिकोण से उद्धृत पंक्तियाँ अथवा अंश, एवं अन्य ग़ैर-व्यावसायिक उद्देश्य जिनकी 'कॉपीरायट ऐक्ट' में अनुमति है, उपरोक्त से विमुक्त हैं।

Copyright ©maheshbajaj

प्रथम संस्करण 2026

अस्वीकरण / Disclaimer

कविता, नज़्म, ग़ज़ल एवं कहानियों का यह संकलन लेखक की कल्पना मात्र है। संदर्भित चित्रण का किसी भी व्यक्ति, जीवित अथवा मृत, घटना अथवा स्थान से यदि कोई समरूपता पायी जाती है तो यह मात्र संयोग होगा। लेखक ने पूरी ज़िम्मेदारी के साथ इस बात का ध्यान रखा है कि चित्रण द्वारा किसी व्यक्ति विशेष, जाति, समुदाय अथवा देश की भावनाएँ आहत न हों।

Publisher : NOTION PRESS

Book Design & Illustrations : ILANOS STUDIOS

MRP : ₹295/-

'क़स्बे से मेट्रो' श्री महेश बजाज की ताज़ा कृति है।

श्री महेश बजाज अव्वल बैंकर ही नहीं अव्वल साहित्यकार भी हैं। साहित्य की विभिन्न विधाओं – गद्य, पद्य एवं 'नज़्म ओ' ग़ज़ल' पर उनका समान अधिकार है।

'क़स्बे से मेट्रो' तक तो हम में से अनेकों ने सफ़र किया है पर उसका जीवंत चित्रण करना बस आप की ही क़ाबिलियत है।

संग्रह की हर एक रचना लाजवाब है, मगर – 'अपराध बोध', 'क्या बन के रह गए?', 'दुल्हिन बनाम बहू', 'पथिक', 'Storyteller', '100 रुपये 14 अंडे' एवं 'सर्वस्व' विशेष छाप छोड़ जाती हैं।

लघु-कथा 'Storyteller' में धारावी का कौवा तो मैं हूँ, जो एक जहाज़ पर ग़लती से बैठ गया और सारा हिंदुस्तान घूम आया। पर मेरा दर्द यह है कि कोई मुझसे क़िस्से सुनने नहीं आता है।

श्री महेश बजाज को नवीनतम संग्रह के लिए बधाई एवं हार्दिक शुभकामनाएँ !

नेलन प्रकाश तोपनो

पूर्व क्षेत्रीय निदेशक

रिज़र्व बैंक ऑफ़ इंडिया पटना

आमुख

कविता, नज़्म, लघु-कथा संग्रह 'क़स्बे से मेट्रो' की प्रस्तुति मेरे लिए एक परीक्षा की घड़ी है। कारण, कि इस संकलन की रचनाएँ अतीत में ले जाती हैं। अतीत, अतीत होता है। उसमें अच्छा - बुरा, प्रिय - अप्रिय कुछ नहीं होता। आप इसे बदल नहीं सकते। भुला नहीं सकते। आपको इसके साथ ही जीना होता है। अतीत की स्मृतियाँ गुदगुदाती हैं, हँसाती हैं, रुलाती हैं।

गाँव क़स्बे से शुरू हो कर जीवन यात्रा का अंतिम पड़ाव किसी मेट्रो शहर में होना, हम सबकी कहानी है। अतीत के दर्पण में झाँकने पर अनेक चेहरे सामने आना स्वाभाविक है। स्वाभाविकता से डर लगता है। अपराध बोध जन्मता है। इससे भागने का मन करता है। किससे भागते हैं हम? स्थान से? अपनों से? ख़ुद से? भागने का यह सफ़र कब तक चलेगा? इस भागमभाग जीवन का लक्ष्य क्या है? कितना कुछ पीछे छूट गया? ऐसे अनेक प्रश्न मन-मस्तिष्क को आंदोलित करते हैं।

परिणामस्वरूप, विचार शब्द बन लेखनी के माध्यम से सहज ही काग़ज़ पर उतर आते हैं। इन शब्दों में छिपा होता है हमारा बचपन, जीवन का संघर्ष, संतोष – असंतोष, आशा एवं निराशा। शब्द समूह, कविता एवं कहानी का रूप लेकर अमर हो जाते हैं।

इस अवसर पर प्रिय पाठकों एवं मित्रों, विशेष रूप से प्रेरणास्त्रोत डॉ सुमित पॉल, श्री असलम हसन, श्री नेल्सन प्रकाश टोपनो, डॉ सुनील देवधर एवं श्री सुधीर कुमार रॉय के प्रति आभार व्यक्त करता हूँ।

सुश्री सोनाली रसाल के प्रति आभार व्यक्त करता हूँ, जिनके सतत् एवं सक्रिय सहयोग से इस कृति को मूर्तरूप प्रदान करना संभव हुआ।

अनेक मित्र इस संकलन में स्वयं को 'पात्र' के रूप में पा कर आश्चर्य नहीं करेंगे, ऐसा मेरा विश्वास है।

किताब कहानी सुनाती है,
नया परिदृश्य लाती है,
जीवन अर्थपूर्ण बनाती है,
सहगामिनी बन जाती है।

यह कृति समर्पित है - 'आप सभी को'।

स्नेहिल
महेश बजाज

सन्देश

शेक्सपियर के प्रसिद्ध नाटक 'हेमलेट' का वाक्य है 'Brevity is the soul of wit' यानी संक्षिप्तता ही बुद्धि की आत्मा है। अपने इस संग्रह में लेखक श्री महेश बजाज गहरी सोच और विस्तृत विचारों के साथ संक्षिप्त तो हैं ही साथ ही समाज के लिए आवश्यक संवेदनाओं को भी व्यक्त करते हैं।

वह कविता एवं लघु कथा से गुज़रते हुए अपनी वैचारिक यात्रा करते हैं। व्यस्त जीवन की आपाधापी में कुछ बड़ा पढ़ पाना संभव नहीं हो पाता। तब अपने मेट्रो के सफर में भी इन्हें पढ़ा और समझा जा सकता है। आज लघु-कथा साहित्य की लोकप्रिय विधा है और लेखक इन कथाओं में लघु कथा होने की उसे शर्त को पूरा करता नजर आता है, जहाँ माना जाता है कि लघु कथा का अंत चौंकाने वाला, गहरा और अपने संदेश में सोच के धरातल पर दस्तक देने वाला हो।

जहाँ कविता 'सर्वस्व' की पंक्ति : 'क्षण भर ही पर्याप्त है – क्षणभंगुर इस जीवन में' गहरे आध्यात्म की परिचायक है वहीं कहानी 'दुलहिन बनाम बहू' में गाँव से आकर मेट्रो में रह रहे दादा दादी के संवाद इस पुस्तक के शीर्षक को सार्थक करते हैं।

(दादी ने) चिंतित स्वर में पूछा - "क्या हुआ?"

"हुआ कुछ नहीं। हम सोच राहिल बा"

"क्या?"

"यही, के दुलहिन और बहू में का फ़रक बा?"

"अरे बस! इत्ति सी बात! हम से पूछा होता"

"ठीक बा! बतावा तनी"

"दुलहिन सजाई जात है, बहू जलाई जात है, बुझलीं?"

क़स्बाई मन के साथ लेखक शहर दर शहर सफ़र करता है, और अनुभव की सुन्दर अभिव्यक्ति 'फ़ासले आसक्त करते हैं - फ़ासले अनासक्त करते हैं' के रूप में परिलक्षित होती है।

विचार, भाषा, संस्कृति, संवेदना, व्यंग, आंसू और मुस्कान के साथ आप इस संग्रह को लिए कस्बे से मेट्रो के फर्क को महसूस करेंगे और कहानी 'आसान सवाल' के मूल सन्देश से सहमत होंगे कि हाथ को सिर्फ बढ़ाना नहीं उसे थामना भी है – 'क्योंकि मोहब्बत शायद इसी का नाम है'।

साहित्य जगत में उनके इस नवीनतम संग्रह का स्वागत है।

हार्दिक शुभकामनाएँ !

डॉ सुनील देवधर

कार्याध्यक्ष

महाराष्ट्र राष्ट्रभाषा प्रचार समिति, पुणे

सन्देश

प्रस्तुत रचना संग्रह, 'क़स्बे से मेट्रो' के रचयिता श्री महेश बजाज 'अंजुम' बहुमुखी प्रतिभा संपन्न कवि, विचारक और कहानीकार हैं। साहित्य की हर विधा में पारंगत हैं। अपनी बात नपे-तुले अल्फ़ाज़ में पाठकों तक सफलतापूर्वक प्रेषित करते हैं। उनकी रचनाओं में व्यर्थ का तामझाम नहीं होता है। बिहारी के दोहों की तरह उनकी कहानियाँ, कविताएँ, ग़ज़लें और लघुकथाएँ सीधे दिल की गहराइयों में उतरती चली जाती हैं। कहीं भी उनका प्रवाह अवरुद्ध नहीं होता है, फिर वो 'पथिक' हो या 'प्रवास', 'break up' हो या 'चुप्पी'।

उनकी हर लघुकथा कुछ बोलती है। वे आपसे संवाद स्थापित करती हैं। यही उनकी ख़ूबी है। महेश जी अपनी रचनाओं के माध्यम से पाठकों से त्वरित नाता जोड़ लेते हैं क्योंकि उनकी कथाओं के पात्र बहुत जाने- पहचाने होते हैं। वे अक्सर हमारे इर्द-गिर्द ही होते हैं। उनकी ग़ज़ल, 'बरगद' जीवन के सार को चंद आशार में समेटती नज़र आती है।

महेश बजाज का आत्मीयतापूर्ण लेखन ही उनकी पहचान है। उनकी रचना-धर्मिता अनुभवजन्य है। रचनाओं में दिखने वाला सत्य उनका अनुभूत सत्य है। यही वजह है कि उनकी कहानियाँ और कविताएँ इतनी जीवंत हैं। संजीदा रचनाओं में भी स्वाभाविक रूप से हास्य का पुट होता है।

बच्चों के लिए भी आपने लिखा है और बड़े प्रभावशाली ढंग से लिखा है।

आशा है, प्रस्तुत संग्रह भी उनकी अन्य कृतियों की भाँति साहित्य जगत् में सराहा जाएगा और प्रबुद्ध पाठक इसे हाथों-हाथ लेंगे। आप अपनी रचनाओं के माध्यम से आगे भी पाठकों को एक नवीन दिशा, एक नई राह दिखाते रहेंगे इस बात का प्रबल विश्वास है।

सुमित पॉल

लेखक एवं विचारक

सन्देश

महेश बजाज की नवीनतम प्रस्तुति 'क़स्बे से मेट्रो' का अवलोकन एक अत्यंत भावपूर्ण और अपनी ही स्मृतियों में लौट जाने जैसा अनुभव रहा। एक सफल बैंकर के रूप में लंबा समय व्यतीत करने वाले महेश जी के भीतर एक ऐसा संवेदनशील साहित्यकार बसता है, जो जीवन के हर रंग को बहुत बारीकी से देखता और समझता है। यह इस संग्रह के हर पन्ने पर झलकता है।

'क़स्बे से मेट्रो' केवल कविताओं और कहानियों का संकलन नहीं है, बल्कि यह हम सभी की उस जीवन यात्रा का जीवंत दस्तावेज़ है, जो गाँव-क़स्बे की सोंधी मिट्टी से शुरू होकर महानगरों की भागदौड़ तक पहुँचती है। महेश जी ने अपनी लेखनी से अतीत की उन मीठी स्मृतियों, छूट गए रिश्तों, और आज की शहरी ज़िंदगी की तन्हाई को जिस गहराई के साथ उकेरा है, वह सीधे पाठक के दिल में उतर जाता है।

उनकी रचनाधर्मिता की सबसे बड़ी शक्ति उनकी भाषा की सादगी और विचारों की स्पष्टता है। शब्दों का कोई व्यर्थ आडंबर नहीं, बस सीधे दिल से निकली बात। 'इक छाता था', 'चिलम' और 'दीवारों की ज़बान' जैसी रचनाएँ जहाँ हमें हमारी जड़ों की याद दिलाती हैं, वहीं 'Storyteller' जैसी लघुकथाएँ एक गहरा संदेश छोड़ जाती हैं।

एक मित्र के रूप में, महेश जी की इस उत्कृष्ट सृजनात्मकता और साहित्यिक गहराई को देखना मेरे लिए बहुत गर्व का विषय है। मुझे पूर्ण विश्वास है कि साहित्य जगत में इस पुस्तक को भरपूर स्नेह मिलेगा और यह कृति हर उस व्यक्ति की सहगामिनी बनेगी, जिसने कभी न कभी 'क़स्बे से मेट्रो' का सफ़र तय किया है।

इस अद्भुत और विचारोत्तेजक पुस्तक के लिए महेश जी को हृदय से ढेरों बधाइयाँ और उनके आगामी साहित्यिक सफ़र के लिए अनंत शुभकामनाएँ।

सुधीर कुमार रॉय

मुख्य महाप्रबंधक (NABARD), मुंबई

अनुक्रमणिका

इक छाता था

मेरे घर में इक छाता था।
हर कोई इसमें
आता जाता था।
कहते थे दादा जी का छाता था।

गर्मी में बरसात में
या फिर हो कोई भी मौसम
काम बहुत ही आता था।

दादा जी,
स्कूल में पढ़ाते थे,
पैदल आते जाते थे।
मूँछें उनकी बड़ी-बड़ी थीं,
यह छाता उनकी छड़ी थी।

बच्चे उनसे डर जाते थे,
इम्तिहान में अव्वल आते थे।

न कभी टूटा न कभी फूटा,
मूँठ थी उसकी मज़बूत,
सरसों का तेल पिलाते थे,
सुबह शाम टहलाते थे।

खेतों में जब वो जाते थे,
पगडंडी पर बैठ कर,
लोगों को समझाते थे,
छाता की छाँव में रह जाते थे।

कोई न गाँव में उनसे रूठा।
गर कोई रूठा भी तो,
जा कर उसे मनाते थे,
छाता में साथ बिठाते थे।

बड़ा था उनका रौब गाँव में,
मगर न किसी को वो डराते थे,
हर किसी के दुःख और दर्द में,
साथ खड़े नज़र वो आते थे।

परिवार इकट्ठा रखते थे,
परिवार का पालन करते थे,
परिवार से इज़्ज़त पाते थे,
परिवार के स्वयं वो छाता थे।

एक बारिश की अंधेरी रात में,
दादा जी हमसे बिछड़ गए।

अम्मा ने बतलाया था,
दादा जी - बादलों में सिमट गए।
वहाँ एक स्कूल में,
बच्चों को गणित पढ़ाना है।

बस, कुछ बरसों में आएँगे,
हमको भी सिखलाएँगे।
तब तक तुमको पढ़ना है,
जीवन में आगे बढ़ना है,
हर इम्तिहान में अव्वल आना है।

अब वो छाता,
दादा जी की छड़ी,
बैठक में रखी रहती है,
सबको नसीहत करती है,
सही मार्ग दिखलाती है,
दादा जी की याद दिलाती है।

कितना अद्भुत छाता था,
दादा जी का छाता था।

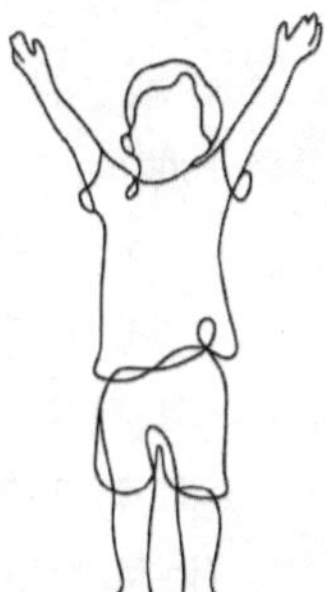

चिलम

इक ऐसा है घर मेरा
जिसमें दरवाज़ा नहीं कोई
न किसी खिड़की में पल्ला
उस घर में हवा महकती है।

जब चाहे जा सकती हूँ
जब तक चाहे रह सकती हूँ
हँस सकती हूँ, खेल सकती हूँ
रो सकती हूँ, सो सकती हूँ।

न किराया
न भाड़ा
न बिजली का बिल
न सोसाइटी का ख़र्च।

चिड़ियों की चहचहाहट
गोबर पुती कच्ची नीची दीवार
आँगन में तुलसी का पौधा
चंपा के फूल ओ' आकाशबेल।

नीम का पेड़
चारपाई और हुक्का
चादर और तकिया
काली गाय, सफ़ेद बछिया।

उपलों की ख़ुशबू - सुरमई धुँआ,
दूध पर बादामी मोटी मलाई
गुड का अंबार
गेहूँ चावल गुड़ तेल का भंडार।

मक्खन पे शक्कर
चूल्हे की रोटी
रोटी पे मक्खन
छाछ बेशुमार।

मगर अफ़सोस
अब यह सब
सिर्फ़ यादों में सिमट गया है।

तंग दिल – संग दिल
बड़ी गाड़ियाँ तंग सड़कें
सब तरफ़ शोर है
विकास पर ही ज़ोर है।

गाँव में 'पंचायती राज' आ गया है।

अब, मैं ख़यालों में
रात के सन्नाटों में
दबे पाँव – सहमे सहमे
चुपचाप गाँव जाती हूँ।

रसोई में अम्मा
आँगन में गाय और
चारपाई पर तकिया लिए
अपने बाबा को देख आती हूँ।

हुक्के की 'चिलम'
ठंडी हो चुकी है
गुज़रे ज़माने की
बेपनाह मुहब्बतों की तरह।

चौधरी हुकम सिंह का बछड़ा

चौधरी हुकम सिंह। ४० एकड़ उपजाऊ ज़मीन के अकेले मालिक। बटवारे में, उनके पिता लाल सिंह की जायदाद से उनके हिस्से में आई। इसके अलावा १ भैंस, १ दुधारू गाय और एक जोड़ी बैल। बैल अब बूढ़े हो चले थे। पिछले तीन बार से गाय ग्याभन हुई मगर हर बार बछिया ही पैदा हुई। भैंस ने पाड़ा जन्मा । वह बुग्घी खींच रहा है। हल में किसे जोतें? यह चिन्ता खाए जा रही थी।

इधर चौधराईन ने अब तक पुत्र रत्न न जना था। बढ़ती उमर में हुकम सिंह को सहारे की ज़रूरत थी। बड़ी बिटिया की शादी हो गई। ससुराल चली गई। जमाई राजा ६ महीने में एक बार आते। अपने हिस्से का 'पुष्पम-पत्रम' ले कर शान से विदा होते। जब तक रहते साँझ ढले खेतों का नज़ारा कर ख़ुश होते। लहलहाती फ़सलों को देख उनका मन लहलहा उठता। शहर में कोठी का काम चल रहा था। पिछले २ बरसों में अभी तक दीवारें खड़ी हो पाई थीं। लिंटर बाक़ी था। इन फ़सलों के दम पर ही उन्होंने प्लॉट ख़रीदा था। बिटिया बापू-बापू कह लिपटती जाती। रोते-रोते बिदा होती।

दूसरी बेटी कॉलेज में थी। फ़ीस और दूसरे ख़र्चों में बड़ी रक़म लग जाती। ख़र्च की हुकम सिंह को चिंता न थी। चिंता थी तो इस बात की कि अब उनका शरीर अधेड़ अवस्था प्राप्त कर रहा था। जल्द ही पुत्र प्राप्ति न हुई तो फिर कोई उम्मीद भी न रह जाएगी। चौधराईन की उम्र भी तो साथ साथ बढ़ रही थी। आदमी और घोड़ा कभी बूढ़ा नहीं होता, मगर वारिस के तौर पर तो संतान अपने घर में ही चाहिए थी।

उधर उम्र दराज़ हो चुके बैलों के कंधों में अब वो दम न था जो इतनी ज़मीन को जोतने के लिए हल खींच सके। बूढ़े बैलों से क्या उम्मीद करें।

मन्दिर दरगाह सब जगह पूजा की। गंडा ताबीज़ किया। बाबा ने उम्मीद बँधाई।

"हुकम सिंह! अबकी बछड़ा ही होवेगो। चिंता छोड़।"

"बाबा जी थारा ही सहारा सै!"

“ले, यह धागा! अपनी गाय के गले में बाँध दियो, भगवान की किरपा से बछड़ा ही होवेगो।”

बाबा के चरण छूकर पात्र में भरपूर दक्षिणा डाली और घर आ कर गाय को काला धागा बाँधा। चौधराईन को परसाद खिलाया। दरगाह से लाया ताबीज़ दिया। “चुपके से बाँध ले, ताई को ख़बर न होने पावे”

गाँव और परिवार के लोग हुकम सिंह की माँ को ताई बुलाते। ताई को मुसलमान बाबा से परहेज़ था। उसे पता चलता तो गुस्सा होती। न जाने क्या कर बैठती। हुकम सिंह कोई ‘चान्स’ नहीं ले सकते थे। सो, सब जतन कर लिए। चुपचाप।

कुछ दिन गुज़रे। दोपहर में नीम तले हुकम सिंह कुछ गाँव वालों के साथ हुक्का खींच रहे थे। नौकर दौड़ता हुआ आया।
“क्या हुआ रे! इतना हाँफ क्यूँ रहा सै?”

“चौधरी साब!”
“क्या हुआ ? बोल दे भई”
“वो ‘नंदिनी’ खूंटा तोड़ के भाग गई”
“अरे, तो क्या हुआ? अच्छा ही हुआ”

हुकम सिंह के चेहरे पर मुस्कान आ गई। दाएं हाथ से मूँछ को सीधा कर ऊपर की तरफ लपेटा और मुस्कुरा कर बोले – “कोई बात नहीं, आ जाएगी। कर लेने दे मन-मर्ज़ी।”

उन्हें विश्वास हो गया बाबा का धागा अपना काम कर रहा है।

साँझ ढले नंदिनी लौटी तो शांत थी। चुपके से आ कर अपने थान पर खड़ी हो गई। हुकम सिंह को पता चला तो बाहर आ कर उसकी गर्दन को सहलाया। दुलार किया। नौकर को बोल कर उसकी कूँडी में हरा चारा डलवाया।

एक बाल्टी में रदावा (गेहूं और चने का मोटा पिसा आटा) का घोल, गुड़ मिला कर पिलाया। अगले दिन से नंदिनी की विशेष देखभाल होने लगी।

चौधराईन को पता चला तो मन ही मन ख़ुश हुई। उसे विश्वास हुआ अबकी बार बछड़ा ही होगा। बाबा का धागा व्यर्थ नहीं जाएगा। उसके अपनी कुर्ती के अंदर हाथ डाल कर ताबीज़ को छुआ। मन ही मन कुछ पढ़ा और आँखें बंद कर लेट गई।

"तू चिंता मत कर। मैं तेरा बेटा बन के आऊँगा"
– उसके कानों में आवाज़ आई।
"तू कौन है?"
"मैं पिछले जनम में भी तेरा बेटा था और तू मेरा बाप"
"क्या बोल रहा सै?"
"सो जा! माई!" इसके बाद सन्नाटा हो गया।

सुबह, नंदिनी के रंभाने की आवाज़ से नींद खुली। चौधराईन नंदिनी के गले लग कर खूब रोई। बार-बार उसके कानों में 'सो जा! माई!' गूंज रहा था। हुकम सिंह के वारे-न्यारे थे। ऐसा नहीं कि पहले नंदिनी या चौधराईन पेट से नहीं हुईं। मगर इस बार बात कुछ अलग थी। बाबा और पीर पर उसका विश्वास और गहरा हो गया। उसकी मन्नत ज़रूर पूरी होगी।

रोज़ सुबह उठ कर पहले मंदिर में पूजा कर दरगाह की तरफ़ जाते। मज़ार को सजदा करते। घर से एक-एक बोरी अनाज दोनों जगह भिजवाया।

दिन गुज़रने लगे। नंदिनी अब ज़्यादा उछल कूद न करती थी। थोड़ा भारी दिखने लगी थी। चौधराईन को भी अब आराम की ज़रूरत थी। हुकम सिंह ने एक और नौकरानी का इंतज़ाम कर दिया। और दिन चढ़े तो शहर से बड़ी बेटी को बुलवा भेजा। दामाद को पता चला तो मुस्कुरा दिया।

मूँजी(धान) की फ़सल कट चुकी थी। फ़सल अच्छी हुई थी। खलिहान भरा हुआ था। छप्पर के नीचे खाट पर कंधे के नीचे तकिया दबाए अधलेटे चौधरी हुकम सिंह हुक्का गुड़गुड़ा रहे थे। बगल में 'ट्रैन्ज़िस्टर' पर विविध भारती से 'फ़रमायशी प्रोग्राम' चल रहा था। 'नंदिनी' की ख़बर किसी वक़्त भी आ सकती थी। 'घोसी' को सुबह ही बुला लिया था।

एक नौकर पैर दबाते हुए बीच-बीच में बातें किए जाता था। मौसम की - खेत--खलिहान की। फ़सल अच्छी हुई। ईश्वर की कृपा है।

"आप चिंता न करो चौधरी साब! अबकी बार बछड़ा ही होवेगा"
"हाँ भाई पाली, लगे तो मुझे भी यही सै, ईश्वर भली करेगा"
"चौधरी साब! चौधरी साब!" – एक नौकर दौड़ता हुआ आया।
"आ जाओ चौधरी साब!" – उसकी तेज़ आवाज़ सुन कर हुकम सिंह चौंके। हुक्के की नली को दाहिनी ओर किया और उठने का उपक्रम करते हुए पूछा – 'क्या हुआ, रे!'

"बछड़ा"

"बछड़ा?" – वाह भई वाह ये तो तूने बहुत अच्छी ख़बर सुनाई। हुकम सिंह जूती पहनना भूल नंगे पाँव ही दौड़ पड़े। नंदिनी गर्दन झुकाए नवजात शिशु को चाट रही थी। कोमल पाँवों के सहारे शिशु बछड़ा उठने की कोशिश करता। लड़खड़ा कर गिर जाता। नंदिनी और चाटती - वो फिर उठता, फिर गिरता। हुकम सिंह ने जी भर कर इस दृश्य का आनंद लिया। घोसी को इनाम दिया।

"रोटी खा के जाइयो" – कह कर स्वयं मंदिर और मज़ार की तरफ़ निकल गए।

हुकम सिंह की ख़ुशी का ठिकाना न था। गाँव के चुनिंदा लोगों को दावत खिलाई। अब उन्हें खेत जोतने के लिए कंधा मिल गया था। पंडित जी का आशीर्वाद और बाबा का ताबीज़ काम कर जाए तो चौधराईन भी ख़ुश ख़बर सुना दे। दिल का बोझ उतर जाएगा। जायदाद सँभालने वाला आ जाए। भगवान में उनकी निष्ठा बढ़ती गई।

आख़िर, वो दिन भी आ गया। गाँव की दाई फ़ातिमा दोपहर से आ कर तैयारी में लगी थी। सब मर्दों, बच्चों को बाहर आँगन में खदेड़ दिया गया। अंदर बस औरतें ही रहेंगी। आँगन में मूढ़े पर हुकम सिंह बड़ी आशा लगाए बैठे थे। हुक्के का एक दम भरते और चारों ओर नज़र घुमाते।

न जाने किस दिशा से ईश्वर का आशीर्वाद घर में प्रवेश करे? बैठे-बैठे चैन न आए तो उठ कर टहलने लगते। फिर घर के दरवाज़े तक जाते। कान लगा कर सुनने का प्रयास करते। औरतों की मिली जुली आवाज़ें सुनते। कुछ समझ न आता। वापस आ जाते। न जाने और कितना वक़्त लगेगा?

आस पड़ोस के भी कुछ लोग जमा थे।

"चौधरी साब! 'नन्दिनी' शुभ है। लक्ष्मी है। उसका आशीर्वाद ज़रूर फलेगा। सब अच्छा ही अच्छा होगा।"

हुकम सिंह मन ही मन प्रार्थना करते। "हे भगवान! तूने नन्दिनी को बछड़ा दिया। खेत जोतने का इंतज़ाम हो गया। मेरे हल को कंधा लग गया।"

चौधराईन को भी....."

"मेरी अर्थी को कन्धा लग जाएगा..."

आँखें मूँदे न जाने कब तक मूढ़े पर ही बैठे रह गए। हुक्के की चिलम ठंडी हो गई। पड़ोस वाले उठ कर चले गए। अचानक एक शोर से उनकी नींद टूटी। सामने फ़ातिमा दाई खड़ी थी।

"बख़्शीश! चौधरी, बख़्शीश! रुपया पैसा नहीं लूँगी, सोने का हार लूँगी।"

"अरी! तू ले लेना। पहले बता तो क्या हुआ है?"

"बछड़ा"

जंगल की आग की तरह ख़बर फैल गई। ढोलकी बजाते हिजड़े पहुँच गए। आँगन में नाच गाना शुरू हो गया। हुकम सिंह को अभी अंदर जाने की इजाज़त न थी। मन के आवेग को रोक नहीं पा रहे थे। दबे पाँव नन्दिनी के छप्पर तले जा पहुँचे। 'बछड़े' को गले लगा लिया। ख़ुशी के आँसूओं की अविरल धार बह निकली।

बरगद

बेहद अजीब रवैया ज़िन्दगी का देखा,
रंक ओ' शाह दोनों को बिलखते देखा।

लाज शरम थी जो अहल-ए-ख़ाना की,
पेट की आग से वो पल्लू सरकते देखा।

लाली जिनकी सुर्ख़ गुलाब की सी थी,
मायूसी में उन होंठों को लरज़ते देखा।

गो' थी शौहरत ग़ज़ल लिखने की तवील,
मुख़्तसर लफ़्ज़ों में अफ़साना सिमटते देखा।

हमेशा रहा जो पाँव ज़मीं पर पैवस्त,
तेज़ आँधियों में वक़्त की उखड़ते देखा।

ख़र्च की उम्र सारी जिसकी ख़ातिर,
इन आँखों से कुनबा बिखरते देखा।

हुनर हमें कुछ कम न था, यारों!
ऐय्यारों को मगर बाज़ी पलटते देखा।

मुस्तक़िल कुछ नहीं इस जहाँ में,
बारहा आसमां को रंग बदलते देखा।

था सायबाँ गाँव का मुद्दत से जो शजर,
टाल पे वो बरगद टुकड़े टुकड़े देखा।

अहल-ए-ख़ाना : परिवार। तवील : लंबी। मुख़्तसर : सीमित। पैवस्त : टिका हुआ। ऐय्यारों : बहुरूपियों। मुस्तक़िल : स्थायी। फ़ानी : नश्वर। सायबाँ : संरक्षक।

नींद क्यूँ नहीं आती ?

नींद,
बावजूद कोशिशों के
ग़ायब है इन आँखों से।

आख़िर कहाँ गई
बचपन में
क्या मस्त सोते थे।
न बिजली थी न पंखा था
न बेड न नरम गद्दा।

छत पे पानी डाल के
चादर दरी पर बिछा
गहरी नींद सोते थे।

न थी चकल्लस
व्हाट्सऐप की
न नफ़रत की आँधी थी।

आती जब बारिश
रात में,
तकिया चादर दरी
तीन तहों में गोल कर
नीचे घर में घुस जाते थे।

जिसको
जहाँ भी जगह मिले
बरामदे में या कोठरी में।

न दरवाज़ा न लॉक
न चोरों की परवाह।

क्या चुराते चोर भला
माँ की सिलाई मशीन
ताऊ जी का हुक्का
या दादी का चरखा

आटा पीसन की चक्की
या दूध बिलोने की वल्टोही?

खाट मूढ़े चुरा कर
क्या करते
कहाँ ले जाते?

जूता चोरी का डर
तब भी था - अब भी है।

मंदिर में और मस्जिद में,

ईश्वर का घर है
यहाँ चोर को किस का डर है?
ईश्वर के साये में सब सुरक्षित हैं।
उसके नाम पर किया पाप
पाप नहीं होता
उसके नाम का परमिट
कभी एक्सपायर नहीं होता।

'नींद'
ईश्वर ने मुफ़्त में दी थी, भरपूर।

हमने 'नींद' को
एक्सचेंज कर लिया, सामान से।

अब सामान बहुत है
रिश्ते बोझिल हो गए हैं
और नाते क्षीण।

मन कलुषित है पूर्वाग्रह से
मित्र कोई नज़र नहीं आता
छुप गए न जाने किधर
इन ऊँची-ऊँची मीनारों में।

चोर का डर सताता है।

बाहर के चोर से
सुरक्षा संभव है।

मगर क्या करें
उस चोर का
जो भीतर घुसा है
अनेकों
अदृश्य दरारों से।

यही भीतर घुसा चोर
सोने नहीं देता ।

रिश्ते

पुराने शहर की
तंग गली के कोने पर
एक बोसीदा मकान।

मकान के एक कोने में
अस्त-व्यस्त हाल में यह कमरा
मेरी आरामगाह है।

ये किताबें - मेरी संगिनियाँ
मेरी मित्र – मेरी सखियाँ।

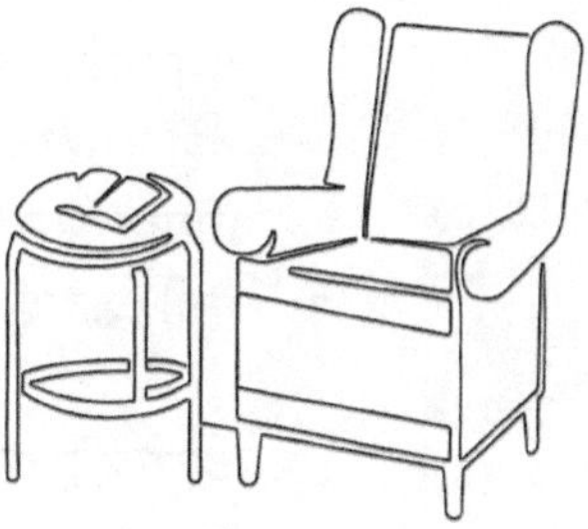

कुछ शेल्फ पर सजीं
कुछ फ़र्श पर बिखरीं
कुछ दीवार पर टंगी।

कुछ उल्टी - कुछ सीधी
कुछ नई - कुछ पुरानी
कुछ ख़ामोश – कुछ बोलती सीं।

हर किताब ख़ुद में
इक कहानी छिपाए
इक ख़्वाहिश लिए जी रही है।

तलाश है पाठक की
कोई इसके पन्नों को छूए
लफ़्ज़ों को सराहे।

पाठक – हर किताब की क़िस्मत नहीं।

रिश्तों की तरह
कुछ किताबें मिल जाती हैं
यूँ ही राह चलते चलते,
कहानी का सारांश
मुखपृष्ठ पर लिए,
सारांश आकर्षक लगता है।

मगर पन्ना पलटा तो
वही पुरानी जानी-पहचानी सी
दीमक खाए पृष्ठों की गंध।
ऐसी किताबें राह में ही छूट जाती हैं।

चेहरों की तरह
कुछ किताबों का मुखपृष्ठ
सुंदर होता है,
आकर्षित करती हैं।

मगर, भाषा क्लिष्ट
ऐसी किताबें निराश करती हैं,
चाह कर भी घर तक नहीं पहुँचतीं।

सुन्दर व्यक्तित्व की तरह
कुछ किताबें सहज – सरल – मृदुभाषी होती हैं
विषय वस्तु गंभीर,
सृजनात्मक – प्रेरणात्मक - उत्साहजनक।

ऐसी किताबें बुक-शेल्फ में सजाई जाती हैं।

दीगर किताबें घर आ जाती हैं
येन केन प्रकारेण
मगर बिखरी रहती हैं
यहाँ वहाँ – जहाँ तहाँ।

'रिश्तों' की तरह कुछ किताबें
आदत बन जाती हैं
सिरहाने रहती हैं
उनकी मौजूदगी सुकून देती है।

पढ़ना लाज़िम नहीं – उनका होना ही काफ़ी है।

यूँ ही कुछ देर बैठो

इक अरसे बाद मिले हो
बेवजह,
तो नहीं मिले।
कुछ देर बैठो
कुछ बात करो।

न वक़्त की पाबंदी
न अहद की मजबूरी।
बस,
यूँ ही कुछ देर बैठो
कुछ बात करो।

थाम लो मेरा हाथ
अपने नर्म हाथों में
बस,
यूँ ही कुछ देर बैठो
कुछ बात करो।

अपनी कलात्मक
उंगलियों से
मेरे,
बिखरे बाल सँवारों।
इनमें,
छिपी चाँदनी निहारो।
बस,
यूँ ही कुछ देर बैठो
कुछ बात करो।

पुर-इसरार आँखों से
मेरी आँखों में देखो
न वफ़ा का वादा करो।
बस,
यूँ ही कुछ देर बैठो
कुछ बात करो।

आसमां को देखो
उस अकेले
उड़ते पंछी को देखो।
बस,
यूँ ही कुछ देर बैठो
कुछ बात करो।

वह भी
किसी से जुदा है
जैसे तुम और मैं।

उसका दर्द महसूस करो।
बस,
यूँ ही कुछ देर बैठो
कुछ बात करो।

अपराधबोध

अरसे बाद क़स्बे में आया।
गलियों का - बाज़ार का
चक्कर लगाया।
इन्हीं चक्करों में
बचपन बीता
स्नेह मिला अपार - मन कभी रहा न रीता।

उन्हीं दरवाज़ों को देखा
जहाँ कभी कोई कॉल बेल न थी
दस्तक देना ही रिवाज था
आवाज़ लगाना ही अन्दाज़ था।

अब नाम पट्टियाँ थीं
ओहदे थे - वीडियो कैम थे
कुत्ते और अतिथि से सावधान थे।

आमिर हुसैन - संजीव त्यागी - सुनील जैन
बहुत इच्छा थी मिलने की
गले लग जाने की
बतियाने की।

क्या बोलेंगे मेरे अज़ीज़?

'अबे साले,
अरसे बाद क़स्बे आया
गली में आया -
फिर क्यूँ न
दरवाज़ा खड़काया?
क्यूँ न मुझको सोते से जगाया?'

हाँ याद आया - इसी दरवाज़े के पीछे बरामदे में
बैठी रहती थीं अम्मा जी
मूढ़े पर होते थे बाबू जी
शीशम की चौकी पर
रखे रहते थे -
अख़बार, चाय के कप और आधा बुना स्वेटर।

दस्तक का जवाब होता -
'अंदर सो रहा है,
जाओ उसे जगाओ
थोड़ा अपने जैसा बनाओ'

वो समझते थे
मैं ज़हीन हूँ
तभी तो अव्वल आता हूँ ।

अव्वल आया - नौकरी पाई
घर बार छूटा
दोस्त छूटे - प्यार छूटा।

अब ढूँढता हूँ वही प्यार
उन्हीं गलियों में
लगाता हूँ चक्कर उसी बाज़ार में।
ढूँढता हूँ वही कौना
उसी चौक का
जहाँ मुरारी चाट वाला होता था
५ पैसे में तीन गोलगप्पे खिलाता था
५ पैसे भी कब जमा होते थे?

अचानक किसी ने पीछे से
कंधे पर हाथ रखा
लंबी सफ़ेद दाढ़ी
चौंका?
अपना आप सम्भाला
ऐसे क्यूँ किया?
ऐसे भी कोई करता है क्या?

क्यूँ भाई भूल गए?
कब आए?
आजकल कहाँ रहते हो?
बहुत दिनों बाद आए?
मैं आसिम हूँ।
ध्यान से देखा तो 'आसिम' था
'आमिर' का बड़ा भाई।

कौन आमिर?
कौन आसिम?
मैं किसी को नहीं जानता
हड़बड़ा कर वहाँ से भागा।

क्यूँ भागा, नहीं जानता
भागते - भागते
शहर आकर दम लिया।

क़स्बे से तो भाग आया
मगर उन गलियों की ख़ुशबू
वो चौक का नज़ारा
साथ ले आया।

साथ ले आया
एक 'अपराध-बोध'
जिनको मिलने गया था - क्यूँ न मिला?

किससे भाग रहा हूँ?
अपने क़स्बे से?
अपनों से?
या अपने आप से?

प्रवास (एक यात्रा)

कोई और रास्ता
कोई और डगर
कोई और मंज़िल
जहाँ, कोई मीत मिल जाए।

नीला आसमान
पगडंडी सुनसान
बारिश का इमकान
ऐसी किसी राह पर निकल जाएँ।

न पुरानी कोई बात
न पुराने जज़्बात
न कोई तकरार
ऐसा कोई मरग़ूब मिल जाए।

नया ख़याल
नया अंदाज़
नया मिज़ाज
ऐसा कोई ख़ुशनूर मिल जाए।

रिमझिम फ़ुहार
हर दिन हो त्योहार
हर सूँ हो बस प्यार
ऐसा कोई यार मिल जाए।

मन में इक आस
सुखद एहसास
नया विश्वास
ऐसा इक प्रवास मिल जाए।

दीवारों की ज़बान

मेरे घर की चहारदीवारी में
बंद हैं अनगिनत क़िस्से।

क़िस्से,
मोहब्बतों के
रुसवाइयों के
सुनहरे सपनों के
अधूरे सपनों के
टूटे-बिखरे सपनों के।

क़िस्से तड़प के
क़िस्से मिलन के
क़िस्से जुदाइयों के
क़िस्से तन्हाईयों के।

मासूम बच्चों की कभी
किलकारियाँ गूँजती थीं यहाँ।

दुआएँ बुज़ुर्गों की
फ़ानूस की मानिंद
झूमती थीं यहाँ।

दर्द थे सबके साझे
ख़ुशियाँ थीं मुश्तरका,
हर त्योहार साझा था।
बड़े छोटे का लिहाज़,
बुज़ुर्गों का एहतराम था।

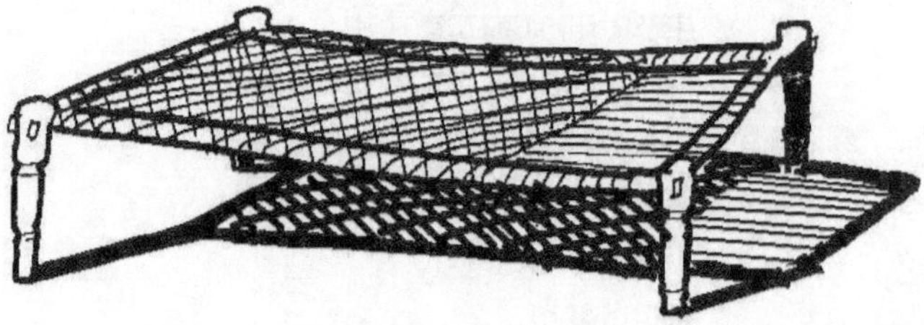

आँगन में थीं चारपाइयाँ
बिन दरी चादर
मूँज की निवाड़ पर
गहरी नींद सोते थे।

सुनते थे कहानियाँ
दादा दादी ओ' नाना नानी की ज़ुबानी।
कहानियाँ,
अलीबाबा ओ चालीस चोर की
हातिम ताई की – "नेकी कर दरिया में डाल"

अब कहानियाँ
सच होती दिख रही हैं।
चोर, अब सिर्फ़ चालीस नहीं
अनगिनत हैं।

आधुनिक ज़माना है
अब नेकी नहीं
नेकी करने वाले को
दरिया में डालने का चलन है।

चारपाइयाँ ख़त्म हो गयीं
चहारदीवारियाँ ख़त्म हो गयीं
मगर दीवारें बाक़ी हैं।

दीवारें अभी भी सुन रही हैं
क़िस्से अपने अंदर समो रही हैं
आने वाले वक़्त के लिए
इतिहास लिख रही हैं।

कैसी विडंबना है –
दीवारों के कान होते हैं,
मगर ज़बान नहीं होती।

दीवारों की ज़बान क्यूँ नहीं होती?

क्या बन के रह गए?

पूछा
आज मुझसे किसी ने
आप करते क्या हैं ?
मैंने सोचा पल भर
क्या करता हूँ?

बस जीता हूँ
कभी-कभी पीता हूँ।

पीता हूँ,
कभी आँसू कभी ग़म,
कभी व्हिस्की - कभी रम,
कभी ज़्यादा - कभी कम।

इर्द गिर्द की चीज़ें
निहारा करता हूँ,
क़ुदरत का नज़ारा करता हूँ,
वक़्त गुज़ारा करता हूँ।

बाक़ी दुनिया
क्या करती है?

खाती है - सोती है,
रोती है - गाती है,
फिर मुस्कुराती है।

जीवन की गाड़ी
समानांतर पटरियों पर
स्वतः दौड़ी जाती है,
दौड़ती ही जाती है।

दौड़ते दौड़ते
ये कहाँ आ गए हम?

बे-बुनियाद,
ख़बरों के दरमियान
ख़ुद से बेख़बर हो गए।

आए थे,
यहाँ क्या करने?

आदमी से इंसान बनने!

हाय!
अफ़सोस मगर,
क्या बन के रह गए?
क्या बन के रह गए?

दुलहिन बनाम बहू

दादा जी कब रिटायर हुए किसी को याद नहीं। सरकारी नौकरी में रहते हुए अनेक स्थानों पर रहे मगर सेवानिवृत्त होने पर दिल्ली (NCR) में ही बस गए।

पूरी सोसाइटी में सबने उन्हें हमेशा गार्डन में, बेंच पर या फिर सुबह-शाम वॉक करते ही देखा। हर किसी के दुख-सुख के वक़्त हाज़िर रहते। सबकी ख़बर रखते मगर किसी से न कुछ पूछते न कहते। सलाह देना उन्हे अच्छा नहीं लगता। वो समझते हैं सबको भगवान ने विवेक और बुद्धि दी है। और किसी के समझाने से कोई समझता भी नहीं। व्यक्ति को उसके अनुभव ही सिखाते हैं।

"बिन रंगे हाथ न होए होली..." यह तो मानो उनका तक़िया कलाम था। दादी को उनके मुहावरे और दोहे बहुत पसंद आते थे। ४० बरस के दाम्पत्य जीवन में उन्होंने दादा जी को कभी अकेले नहीं रहने दिया। साया बन कर अनुगामिनी रहीं। दादा जी अपने कैरियर की सफलता का सारा श्रेय दादी को देते।

'अगर यह मुझे सही वक़्त पर खाना न खिलाती तो क्या मैं दफ़्तर वक़्त पर पहुँचता? कपड़े इस्त्री न करती तो क्या मुझे कोई अधिकारी पसंद करता? मेरी तरक़्क़ी होती?' 'यह न होती तो बेटा कहाँ से पाता? न बहू ही होती। न होते पोता - पोती' - यह कहते हुए उनके चेहरे पर गर्व साफ़ झलकता था।

उम्र के साथ उनकी घनी रौबीली मूँछें सफ़ेद हो चली थीं। हमेशा 'डाई' कर के उनको काली रखते। कोई पूछता - 'दादा जी! आपके सर के सारे बाल तो सफ़ेद हैं, फिर मूँछें कैसे अभी तक काली हैं?'
हँस कर कहते - 'अरे बचवा, इतना भी नहीं समझते? हमरी मूँछें, बालों से १८ बरस छोटी हैं न!'

उनके जुमलों से दादी के झुर्रीदार चेहरे पर मुस्कान छा जाती। मानो कि उनकी उम्र ही १० बरस कम हो जाती। उत्साह से भर दादा जी का और ख़्याल रखती।

दादा जी कहते - ‘अब मैं दफ़्तर नहीं जाता। अपनी चाय ख़ुद बना सकता हूँ, तुम आराम किया करो’।
मगर दादी चुपचाप सब सुनकर अनसुना कर देती।

बेटी की शादी हो चुकी है। वो बैंगलोर में अपने पति के शहर में रहती है। बेटा और बहू उनके साथ हैं। पोता व पोती - रोहन और श्रव्या के साथ उनका बहुत मन लगता है। बहू - बेटा काम पर चले जाते हैं। स्कूल से आने के बाद दोनों दादा - दादी के साथ ‘लुडो’ खेलते हैं। दादा-दादी को अपने बच्चों से ज़्यादा पोते-पोती से लगाव था।

गणित के सवाल तो दादा जी चुटकियों में हल कर देते। बिना कैलकुलेटर। पौना, सवाया, डेढ़ा, ढैय्या सब की ‘टेबल’ कंठस्थ थी। बच्चों ने तो यह सब सुना भी नहीं था। सब उनकी ‘मेमोरी’ का लोहा मानते।

“अरे! तुम्हें मालूम नहीं - जब मैं स्कूल में था, तो एक दिन हमारे चम्पारण में गाँधी बाबा आए थे। सब बच्चे उनको देखने गए। आगे बढ़ कर सबसे पहले मैंने उनके पैर छुए। उन्होंने मुझे आशीर्वाद भी दिया था। उनकी आज्ञा मान कर मैंने आज तक कभी विदेशी वस्त्र नहीं पहना”।

बच्चे हतप्रभ होकर उनकी कहानियाँ सुनते।

“गाँव में शाम ढले सियार की आवाज़ें आती थीं। हमारी माँ, हम सब भाई--बहनों को बाहर जाने से रोकती। कहीं लकड़बग्घा न उठाकर ले जाए”
“बरसात में जब बिजली कड़कती तो सब घरों में दुबक जाते। न जाने ठनका किस पर गिर पड़े”

“हमारी गाय ३ किलो दूध देती थी, सुबह और शाम - दो बार बाबू जी दुहते थे। एक दिन गाय को गुस्सा आ गया। लात मार कर दूध की बाल्टी लुढ़का दी। सारा दूध बिखर गया। अगले दिन बाबू जी ने मोटी रस्सी से गाय के पैर बाँध दिए, फिर उसको दुहा”

आज शाम की बात कुछ अलग थी। न जाने क्यूँ दादा जी ख़ामोश थे।
“दादा जी, कहानी सुनाइए न” - रोहन ने ज़िद की। श्रव्या ने भी दादा जी का हाथ पकड़ कर खींचा। “हाँ, दादा जी, सुनाइए न”
“बेटा आज हमारा मन ठीक नहीं है”
“क्या हुआ? बाबू जी!”
“आज पार्क में हमें मालूम हुआ, सक्सेना बाबू की दुलहिन जल गई। बेचारी कितनी अच्छी थी?”

“अरे बाबू जी, वो उनकी दुलहिन नहीं बहू थी” - रोहन की मम्मी स्नेहा का स्वर सुनाई पड़ा।
“बेटा! वही तो हम कहिन। दुलहिन और बहू में का फ़रक बा?”
“बाबू जी, आप को कुछ नहीं मालूम। आप पुराने ज़माने के हैं। छोड़िए, अपने कमरे में आराम कीजिए।”

शाम हुई। तश्तरी में चाय के प्याले के साथ शान्ति देवी कमरे में आईं। दादा जी किसी सोच में डूबे थे। दादी ने उनको इतना गम्भीर कभी नहीं देखा था। चिंतित स्वर में पूछा - “क्या हुआ?”
“हुआ कुछ नहीं। हम सोच राहिल बा”
“क्या?”
“यही, के दुलहिन और बहू में का फ़रक बा?”
“अरे बस! इत्ति सी बात! हम से पूछा होता”
“ठीक बा! बतावा तनी”
“दुलहिन सजाई जात है, बहू जलाई जात है, बुझलीं?”
“लीजिए, चाय पी लीजिए”

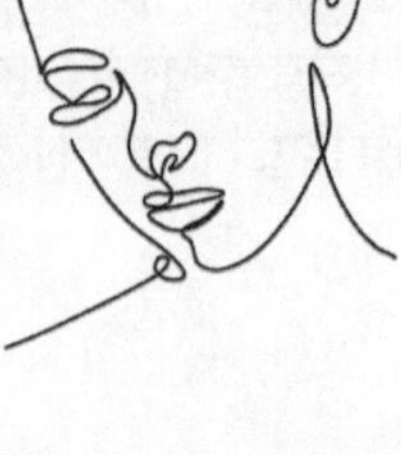

यह जो लड़की

यह जो लड़की
रोज़ मेरे सामने से
गुज़रती है,
बहुत प्यारी लगती है
कितनी ख़ूबसूरत है?

कितनी भोली है
उसकी मुस्कान?
चमकदार आँखें
सलीक़े से बांधे गए बाल?

साफ़ सफ़ेद शर्ट
उस पर ब्लू टाई।
घुटनों से ऊपर
ग्रे स्कर्ट।
सुघड़ सुडौल गर्दन
सधी चाल।

पी० टी० से कसा
सुंदर बदन
सब कुछ इतना ख़ूबसूरत।

मुझे उस पर बहुत प्यार आता है।

झलक नज़र आती है
उस बच्ची की
जो शायद
16 बरस पूर्व
मेरे घर आने वाली थी,
मगर आ न सकी।

साफ़ सुंदर सफ़ेद
संगमरमरी फ़र्श पर
उसका पैर फिसला
और वो माँ न बन सकी।

मेरी पत्नी को आज भी
वह ग़म सताता है।

जी चाहता है
इस बच्ची को अपने घर ले जाऊँ।

पथिक

उफ़ ये बारिश!
थमने का नाम नहीं ले रही।

एक पथिक सड़क किनारे,
घने पेड़ की छाँव में,
ख़ुद को समेटे,
भीगने से बचने के लिए,
कब से रुका है।

काम पर जा रहा था।

मगर,
अब तो कोई काम न मिलेगा।
ऐसी बारिश में भला
ईंटों की कौन दीवार चिनेगा?

घर का चूल्हा भी गीला हो जाएगा।

चूल्हे की ज़रूरत ही क्या?
जब घर में आटा न हो,
न जेब में जमा-पूँजी।

क्या मुँह ले घर वापस जाए,
यहीं खड़ा-खड़ा आसमान को तकता है।

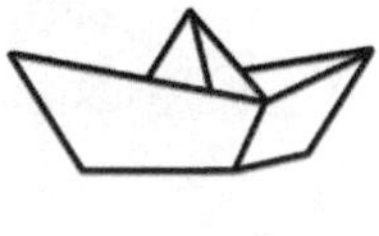

महेश बजाज

सुना था,
उसने बचपन में।

दादा दादी से
नाना नानी से
अम्मा से बापू से
मंदिर वाले पुजारी से
आसमान में भगवान रहता है।

वो सब देखता है
वो सबकी सुनता है
शायद मेरी भी सुन ले
इस बारिश को रोक कर
चमचमाती धूप कर दे।

शायद,
मुझे कोई काम मिल जाए,
फ़ाक़ों को आराम मिल जाए।
काश ये आसमान हो नीला,
गर्म हो जाए चूल्हा सीला।

ग़रीबी में,
न हो आटा गीला।
काश, हो जाए!
आसमान अब नीला।

Storyteller

संध्या का समय था। आसमाँ धुंधला हो चला था। पंछी अपने अपने घोंसलों की ओर तेज़ी से लौट रहे थे। तरह - तरह की आवाज़ें निकालते हुए। शायद दिन भर की अपनी कथाएँ और दुविधाएं साझा करते हुए। जैसे मुंबई की लोकल ट्रेन में होता है।

डूबते सूरज की लालिमा और शाम की सुरमई झलक शांत समुद्र में उनकी उड़ान की चित्रकारी प्रस्तुत कर रही थी।

ऐसे में 'धारावी का कौवा' थक कर एक समुद्री जहाज़ पर बैठ गया। थकान के कारण शीघ्र ही उसे नींद आ गई। रात में जहाज़ ने मुंबई पोर्ट छोड़ दिया। सुबह होने पर कौवे को दिशा भ्रम हो गया। उड़ कर जाता मगर कुछ देर बाद वापस लौट आता। चारों तरफ़ पानी ही पानी। जहाज़ ने पूरे विश्व का चक्कर लगाया और २ साल बाद वापस उसी पोर्ट पर आया। कौवे की ख़ुशी का ठिकाना न था। लम्बी साँस भर फुर्र से उड़ कर धारावी पहुँच गया। उसके परिवारजन उसको जीवित देख कर बहुत प्रसन्न हुए। सबने उसे घेर लिया। जहाज़ के सफ़र के दौरान वह स्वस्थ और सुंदर हो गया था। अब धारावी के सब कौवे उसे सम्मान से देखते हैं।

वह storyteller बन गया।

कविता है

कविता एक - रूप अनेक
भूके की रोटी, बूढ़े की सोटी,
मज़दूर का पसीना, मुफ़लिस का जीना।
सब कविता है।

सुन्दर तन, उद्वेलित मन,
साधु का तर्पण, सुंदरी का दर्पण।
सब कविता है।

प्रेमी का समाचार है,
हृदय का उद्गार है,
आकाश की ऊँचाई
सागर का विस्तार है।

साधना है कविता,
आराधना है कविता,
ज़म-ज़म है कविता,
गंगाजल है कविता ।

कविता मात्र संगम नहीं,
शब्दों व मात्राओं का।

कविता झंकार है,
शब्दरूपी वाद्य का
संगीत है कविता।

हृदय को झंकृत कर दे,
मनुष्य को सु-संस्कृत कर दे,
वही तो है कविता।

निर्मम चाँद

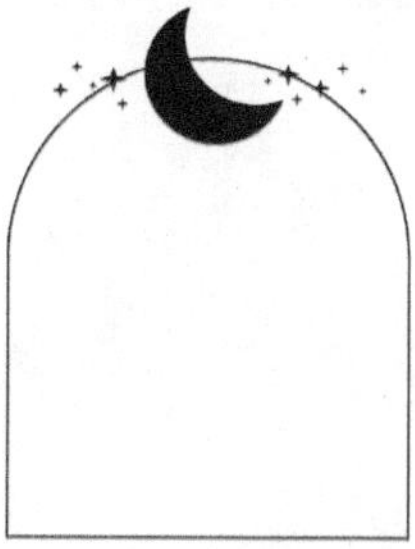

कल की रात
रिम-झिम बरसात की रात।

तुम्हारी बहुत याद आई
बहुत से वादे याद आए।

नींद आँखों से दूर थी
उतनी ही
जितनी दूर चाँद।

खिड़की के झीने पर्दे से
झाँकता था।

मैंने देखा है
उसे मुस्कुराते हुए
मेरी बेबसी पर।

यदा-कदा,
इधर से गुज़रता है
मुझसे नज़रें मिलाता है
आँखें लड़ाता है।

मैं नज़र चुराता हूँ।
वह, शातिर खिलाड़ी की तरह
जगह बदल कर
फिर सामने आ जाता है।

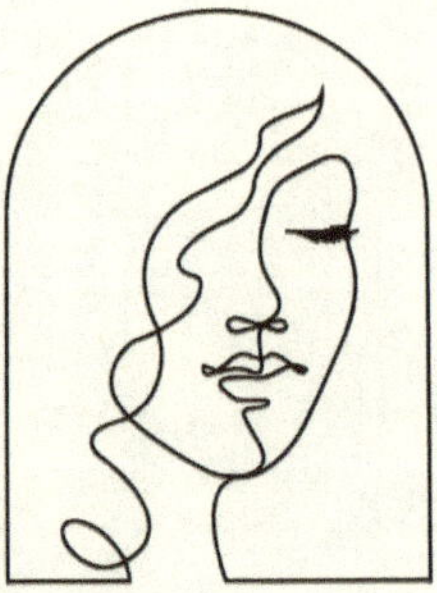

चाँद के रूप में
यह आँख मिचोली
कौन कर रहा है?

कहीं यह तुम तो नहीं?
खो गए थे तुम भी तो
इन बादलों में - इस निर्मम चाँद की तरह।

बिन रंगे हाथ न होए होली

भाँत भाँत की दुनिया,
भाँत भाँत की बोली।
लहंगा, चुनरी, आँचल, चोली—
सब रंग मिल के बने रंगोली।
बिन रंगे हाथ न होए होली।

रुद्ध था यह जीवन मेरा,
द्रुतगति हुआ प्रेयसी पा कर।
हृदय हुआ उमंगित, हर्षित—
नैना मिले, संग वो हो ली।
बिन रंगे हाथ न होए होली।

इक ऋतु आए, इक ऋतु जाए—
शरद, बसंत, ग्रीष्म, बरसात।
सावन आए, झूला झूलो—
आए फागुन, करो ठिठोली।
बिन रंगे हाथ न होए होली।

पुष्प की माला, पाँव का काँटा—
जन जन को है क्यूँकर बाँटा?
अरण्य उजड़े, जनजाति उजड़े—
ज़हर की पुड़िया क्यूँकर खोली?
बिन रंगे हाथ न होए होली।

अक्षुण्ण रहा सदा न वैभव,
यौवन का झूठा अभिमान।
रक्तिम दिनकर डूबे उदधि—
कहीं अर्थी, कहीं उठती डोली।
बिन रंगे हाथ न होए होली।

नभ-धरा का अंतर कितना,
सम-विषम का अंतर कितना?
राजा-रंक का अंतर जितना—
इधर महल है, उधर है खोली।
बिन रंगे हाथ न होए होली।

कारागृह में जीवन की,
अभिशप्त मानवता कराहती।
लेखनी ने कब गुत्थी खोली—
जिसकी सत्ता, उसी की हो ली।
बिन रंगे हाथ न होए होली।

बिन रंगे हाथ न होए होली।

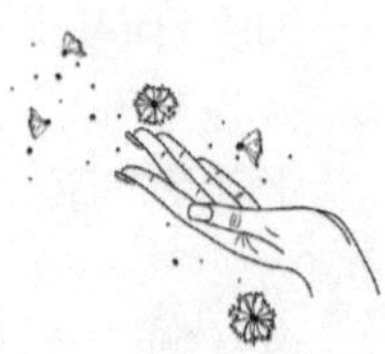

१०० रुपए १४ अंडे

अण्डे का क्या भाव है भाई?
९० रुपए दर्जन।
एक अण्डा कितने का हुआ?
साढ़े सात रूपए का!
अच्छा तो सौ रूपए के कितने?
१३
क्यूँ?
साढ़े सात का एक है न? तो कितने हुए?
१३ का दाम तो ९७.५० रूपए हुआ। मैंने तो सौ रूपए के मांगे हैं?
बाक़ी बचे पैसों का अंडा किधर गया?
सर! ढाई रूपए का अंडा नहीं आता ...
तो जितना आता है, उतना ही दे दो।
क्या तोड़ दूँ, अण्डे को?
तुम्हारी मर्ज़ी।
आप ढाई रुपए वापस ले लो।
क्यूँ ले लूँ? मैंने १०० रुपए के अण्डे माँगे हैं।
तो पाँच रुपए और दीजिए।
क्यूँ दूँ? जब मेरे पास हैं ही नहीं।
तो अपने सौ रुपए वापस ले जाइए।
ठीक है ले जाता हूँ, मगर अंडे भी तो ले जाने हैं। पूरे १०० रुपए के।
उफ़्फ़ ! आज किस से पाला पड़ा है? या अल्लाह!
आप कहाँ से आए हैं? सर!
हम लखनऊ से आए हैं। क्यूँ? क्या वापस चला जाऊँ?
नहीं सर पूना बहुत अच्छा शहर है। यहीं रह जाइए।
ठीक है, रह जाते हैं, बरखुर्दार! अल्लाह, तुम्हे उम्र दराज़ करे।
मगर, हमारे सौ रुपए के अण्डे?

यह लीजिए आपके अण्डे।

ठीक है भाई, शुक्रिया! चलते हैं, फिर मुलाक़ात होगी, इंशाल्लाह!

अल्लाह न करे।

अंडे लेकर अच्छन मियाँ लपकते हुए घर पहुँचे। दरवाज़े पर लटकी टाट की पट्टी को हटाते हुए आवाज़ लगाई –

“सबीना! यह लो अण्डे, पूरे १४ हैं, गिन लो। बहुत हुज्जत कर रहा था वो अंडे वाला। हमारे लखनऊ में ऐसा दुकानदार हो तो एक दिन में उसे मोहल्ले से बाहर कर दें। यहाँ का रिवाज ही अलग है।”

ठीक है अब्बू!

अरे, ठीक नहीं है, दुल्हन। वो तो मैं अड़ गया १०० रुपए के १४ ही लूँगा। तब बमुश्किल माना। बहुत ही अड़ियल था, नामुराद!

अब्बू?

हाँ, बेटा क्या हुआ? अंडे पूरे तो हैं? १४?

जी। पूरे १४ हैं, मगर...

मगर क्या? कुछ गड़बड़ है क्या? अभी जाता हूँ लौट कर।

जी, वो सौ का नोट यहीं रखा है। मैंने आवाज़ लगाईं थी, मगर आपने सुना ही नहीं।

सर्वस्व

क्या ?

कुछ नहीं

कुछ भी नहीं

कुछ है ही नहीं

कुछ हूँ ही नहीं

कुछ था भी नहीं

कुछ न होना ही होना है।

'कुछ' न होना ही 'कुछ' है

'कुछ' न था तो सर्वस्व था।

शायर का जनाज़ा

किस ने कहा मैं अकेला हूँ?

मेरी इतनी बड़ी फ़ैमिली है
इतनी कविताएँ
इतनी नज़्में, ग़ज़लें, गीत,
रुबाई तराना अफ़साना,
क़िस्सा वादे इरादे,
यादें अफ़सोस पछतावा।

हरदम का साथ है
ये सब मुझसे बातें करते हैं।

रात भर
मेरे साथ सोते हैं
गुदगुदाते हैं, हँसाते हैं, रुलाते हैं।
सुबह सवेरे उठा देते हैं।

कहीं नहीं जाते,
मुझे अकेला छोड़ कर,
मुझ में समाये रहते हैं।

कौन कहता है – 'मैं अकेला हूँ?'

इतना बड़ा परिवार
जिसका मैं हूँ मुखिया।

सोचता हूँ -
कभी - गर मैं न रहूँ
क्या होगा इन सब का?

मैंने एक-एक को बुला कर पूछा
अलग-अलग पूछा
तन्हाई में पूछा।

सब का एक ही जवाब था
“हमारा अस्तित्व तुम्ही से है”
“तुम नहीं तो हम नहीं“
“हम सती हो जाएँगे तुम्हारे साथ”।

देख कर इतना स्नेह
मेरा दिल
गद-गद हो गया।

अब मुझे
मौत का खौफ़ नहीं
आख़िरत का खौफ़ नहीं।

गीत, ग़ज़ल, नज़्म, तराने के साथ
झूमते हुए दीवानों के साथ
निकलेगी बारात।

लोग कहेंगे
शायर का जनाज़ा है।
वाह !
क्या धूम से निकला है!
क्या धूम से निकला है!!

फिर वही ज़िंदगी हमारी है

कैसा फ़िक्र कैसी बे-क़रारी है,
क्या है किसकी पर्दा-दारी है।

इक नज़र में फ़िदा हो गया,
ऐसी सूरत क्यूँकर तुम्हारी है।

मौज़ू बदल बदल कर बोलते हो,
कैसी यह फ़ितरत तुम्हारी है।

बुज़ुर्गों का ऐहतराम किया करो,
पाँव तले इनके जन्नत तुम्हारी है।

धन दौलत का गुरूर न करियो,
जेब कफ़न में नहीं तुम्हारी है।

हुस्न-ए-सुलूक का हुनर हो गर,
हर सिम्त ज़मींदारी तुम्हारी है।

जिस भी हाल में रहें 'अंजुम',
फिर वही ज़िंदगी हमारी है।

हर किताब इक कहानी सुनाती है।

इंसान की तरह किताबों के
मिज़ाज होते हैं,
अंदाज़ होते हैं,
किताबें रूठती हैं - इतराती हैं।

किताबें घर सजाती हैं,
संदेश ले जाती हैं,
बिछड़े दोस्त मिलाती हैं,
नए दोस्त बनाती हैं।

इंसान की तरह,
हर किताब की
इक ख़ास ख़ुशबू होती है,
ख़ुशबू आकर्षित करती है।

रु-ब-रु होने की चाहत होती है,
वर्क़ छूने की तमन्ना होती है।

इंसान की तरह,
किताब का स्पर्श
सुहाता है, मन को लुभाता है,
पाठक इसको घर ले जाता है।

इंसान की तरह –
इनमें
मोहब्बत ओ' नफ़रत पायी जाती है,
जहालत ओ' ज़हानत पाई जाती है।

किताबें
सही ग़लत का फ़र्क जानती हैं,
मक़सद समझती हैं,
दिल ओ' दिमाग़ पर छा जाती हैं।

किताबें
बाँहें फैलाती हैं,
ज़ुल्फ़ लहराती हैं,
सीने से लिपट जाती हैं।

सहज को असहज ओ'
असहज को सहज बनाती हैं,
किताबें क्रांति लाती हैं,
उचित मार्ग दिखाती हैं।

इतिहास की थाती हैं किताबें,
बुद्धिजीवी को भाती हैं किताबें,
किताबें न हो गर,
मनुष्य-मनुष्य नहीं - रहे सिर्फ़ जानवर।

नया परिदृश्य लाती हैं,
जीवन अर्थपूर्ण बनाती हैं,
सहगामिनी बन जाती हैं
नित नई कहानी सुनाती हैं।

Shobha at Sixty

बात बहुत पुरानी है। उससे मेरी मुलाक़ात अचानक हुई थी। पुणे में। जुमा यानी 'Friday' का दिन था।

फ़्राइडे ऐसा दिन है जो हर किसी के चेहरे पे मुस्कान लाता है। इसीलिए Man Friday / Girl Friday की परिकल्पना हुई। मोमिनो / 'believers' के लिए नमाज़ ओ' इबादत का दिन। रिंदों को आज के दिन मयख़ाने की याद आती है। पाँच दिन बा-मशक़्क़त ज़िंदगी बिताने के बाद वीकेंड में सुस्ताने का मौक़ा मिलता है। ग़म को भुलाने और दोस्त को बहलाने-टहलाने का वक़्त मिलता है।

बहरहाल, वो जुमा ही था। मुझे भूलने की आदत नहीं। या यूँ कहिए याद रखने की सख़्त बीमारी है। बाटा चौक के किनारे वाली मस्जिद में बहुत से नमाज़ी टोपी पहने तेज़ क़दमी से बढ़े जा रहे थे। साफ़ सफ़ेद कुर्ता - पैजामा, इत्र की ख़ुशबू। हर किसी को सलाम आदाब करते हुए। मुझे ये नज़ारा बहुत अच्छा लगता है। इन क्षणों में सारा दुःख-दर्द भुला कर, बड़े छोटे का फ़र्क़ मिटा कर, हर मोमिन की तमन्ना होती है कि उसे पिछली क़तार में जगह न लेनी पड़े।

हुजूम को पार करते हुए एम० जी० रोड से गुज़रते हुए, मेरे क़दम मोलेडीना रोड पर मुड़ गए। मुड़ना तय था। सामने बाबा साहब का पुतला था। उससे टकराने की हिमाक़त मैं नहीं कर सकता था। मैं ही क्या, आप भी नहीं करना चाहेंगे।

लिहाज़ा 'Westend' सिनेमा की ज़द से आगे बढ़ते हुए कॉफ़ी हाऊस पहुँचा। यहाँ बहुत बार आ चुका हूँ। अच्छी जगह है, किसी अपने से मिल बैठ-कर बात करने के लिए। इस जगह से जुड़ी बहुत सारी यादें हैं। यहाँ का वेजीटेरियन खाना मुझे पसंद है। नान-वेज यहाँ मिलता ही नहीं। अगर मिलता तो क्या मैं वेजीटेरियन खाना खाता? मुझे पता भी नहीं चलता कि खाना कैसा मिलता है। यहाँ मैं कभी खाना खाने आया ही नहीं। कॉफ़ी पीने भी नहीं। मजबूरन कॉफ़ी पी मगर पसन्द नहीं आई। वरना मैं बार-बार आ जाता। कॉफ़ी मुझे पसंद है। मगर, यहाँ आने की वजह कॉफ़ी कभी न रही।

आज किसी से मुलाक़ात तय न थी। द्वार पर खड़े वेटर ने पहचान लिया। मैं उसकी नज़रों और विशेष मुस्कान से समझ गया। वेटर बहुत अजीब होते हैं। बहुत अच्छे एक्टर होते हैं। हर बार एक अजनबी की तरह मिलते हैं। मेहमान को पता नहीं चलने देते कि आज के मेज़बान पहले भी यहाँ किसी और को दावत दे चुके हैं।

सूनापन, अक्सर किसी बदलाव की अलामत होती है। ज़ेहनी सूनापन सुकून देता है – बेचैनी भी। किसी अनजान घटना का इन्तज़ार। नज़रें तलाश कर रहीं थीं। क्या तलाश रही थीं कहना मुश्किल था।

अचानक मेरी निगाह उस पर पड़ी। आकर्षित हुआ। क़रीब जा कर मैंने मुस्कुरा कर हाथ बढ़ाया। उसने कोई ऐतराज़ न किया। आँखों-आँखों में बात हुई। वापस कॉफ़ी हाऊस की तरफ़ कदम उठ गए। यही जगह महफ़ूज़ थी, ऐसी मुलाक़ातों के लिए।

वेटर ने देखा। मुस्कुराया। उसे लगा मैंने उसे नहीं देखा। मैं उसको देखता भी क्यूँ? कॉफ़ी आ गई। गुफ़्तगू शुरू हुई। काफ़ी देर तक चली। मुझे उसको देखना, उससे बातें करना अच्छा लग रहा था।

"मैं तुम्हारे साथ चलूँ?" - शायद उसने कहा, ऐसा मैंने सुना।
"कहाँ?"
"तुम्हारे घर"
"सच?"
"मैं कभी झूठ नहीं बोलती।"

मैं उसको घर ले आया। मेरी तनहाई कम हुई। अब मैं जब चाहे उससे बातें कर सकता हूँ। उसको छू सकता हूँ। अपने बेड पर उसके साथ लेट सकता हूँ।

जिज्ञास एक इंसानी फ़ितरत है। आपको भी हो रही होगी।
आख़िर वो कौन है? उसका नाम क्या है? क्यूँ, हो रही है न ?

जी, बता देते हैं। आपको सुकून आ जाएगा।

उसका नाम है – 'Shobha at Sixty'

'Shobha at Sixty' – शोभा डे द्वारा लिखित पुस्तक का नाम है। यह पुस्तक उन्होंने 60 बरस की उम्र होने पर लिखी थी।

Unpredictable

काली घटाएँ छाई थीं। सिहरन भरी हवाओं का शोर कानों में संगीत घोल रहा था।

मेरा बदन भीगता जा रहा था। अचानक ज़ोर से बिजली कड़की। मैंने चौंक कर देखा। उसने कुछ इशारा किया। मैं तैयार न था। इधर उधर - कोई बरामदा या ख़ाली मकान भी नहीं था। उसने फिर इशारा किया। मुझे बेचैनी होने लगी। आस-पास कोई न था। कोई protection नहीं था। अचानक याद आया। मैंने बाइक की डिक्की से प्रोटेक्शन निकाला। कुछ आत्मविश्वास जगा। वह लगातार इशारे किए जा रही थी। उसकी छुअन से बदन में सिहरन हो रही थी। भीगता जा रहा था। मैंने प्रोटेक्शन ओढ़ने का उपक्रम शुरू किया।

अब मैं तैयार था।

बिजली अब भी कड़क रही थी। हवाओं का शोर अब भी हो रहा था। मगर उसका कोई अता पता न था। ग़ायब !

ऐसी होती है पूना की बारिश...

Unpredictable, like a girlfriend.

चादर

उसने कहा - जाओ!
मैंने कहा – आओ!

हाथ बढ़ाया
उसने हाथ थाम लिया।

वक्ष से लगाया
आज तक
हम साथ साथ हैं।

मोहब्बत शायद इसी का नाम है।

यह कोई 'शर्ट' नहीं
जो ज़रा सी गर्मी
न बर्दाश्त कर सके
थोड़ी सी धूप में बदरंग हो जाए
बदलनी पड़े।

यह वो शफ़्फ़ाफ़ 'चादर' है,
एक बार ओढ़ी
फिर बदली नहीं जाती।

अहं

जीवन,
अहं के सिवा कुछ नहीं।

अहं
पुरुष को पुरुषत्व का,
नारी को नारीत्व का,
माँ को ममत्व का।

अहं
फूल को ख़ुशबू का,
कली को कंवारपन का,
भँवरें को रसपान का।

अहं
रूपसी को रूप का,
मोहिनी मूरत का,
लुभावनी सूरत का।

अहं
बरगद को घनी छाँव का,
गहरी काली जटाओं का,
हवा में बिखरी लताओं का।

अहं
पपीहे को आसक्ति का,
श्वान को भक्ति का,
मालिक को शक्ति का।

अहं
नेता को कुर्सी का,
जनता को वोट का,
बनिये को नोट का।

अहं
पंडित को ज्ञान का,
मूरख को पगलाई का,
मुफ़्त की जग हँसाई का।

अहं
गायक को भजन का,
लेखक को लेखन का,
शायर को ग़ज़ल का।

अहं
सफ़ाई का बाई को,
हज़ामत का नाई को,
छुरी का क़साई को।

अहं
जवानी का जवान को,
ज्ञान का विद्वान को
ग़फ़लत का नादान को।

जीवन,
अहं के सिवा कुछ नहीं,
अहं नहीं तो कुछ भी नहीं।

चुप्पी

मुझसे उसकी चुप्पी बरदाश्त नहीं हो रही थी। आज सातवाँ दिन था, उसने मुझसे कोई बात नहीं की थी। मेरे हर सवाल का जवाब सिर्फ़ "हाँ" "हूँ" में दिया।
पिछले 6 महीने से हम यहीं पर मिलते थे। तय समय पर। कभी-कभार 10-15 मिनट की देर होती तो उसकी वजह मालूम हो जाती और उस पर अफ़सोस भी किया जाता।
उस दिन वह बहुत उदास थी। उदासी के सबब को जानना चाहा।
"क्या हुआ?"
"कुछ नहीं"
"कुछ तो है। तुम इतनी चुप क्यूँ हो? उदास भी।"
"नहीं, कुछ नहीं। कुछ भी नया नहीं"
"फिर भी कुछ तो है। पति से झगड़ा हुआ?"
"वो तो होता ही है"
"क्यूँ? तुमने तो बताया था, वो बहुत अच्छा है। शराब नहीं पीता। मार-पीट नहीं करता"

यह सब उसी ने बतलाया था, जब हमारी नई-नई मुलाक़ात हुई थी। मुझे बहुत आश्चर्य हुआ था। अच्छा भी लगा था। इन दोनों का 'प्रेम-विवाह' हुआ था। मेरे पूर्व के अनुभव इसके विपरीत होने के कारण मुझे विश्वास करने के लिए थोड़ा प्रयास करना पड़ा।

"तुम बहुत भाग्यशाली हो। ऐसा पति क़िस्मत से मिलता है"
– मैंने अपनी भावनाओं को छुपाते हुए कहा।
मुझे ईर्ष्या हुई थी। कितनी सुखी है अपने दाम्पत्य जीवन में। दो बच्चे। बड़ी लड़की और छोटा लड़का। सम्पूर्ण परिवार – सुखी परिवार। दोनों कमाते हैं। शहर में रहते हैं। फिर ऐसा क्या हुआ?

"आज झगड़ा क्यूँ? किस बात पर?"
– मैंने जिज्ञासा शांत करने के लिए पूछा।
"वो आजकल अपनी गर्ल-फ्रेंड के चक्कर में रहता है। देर रात को शराब पी कर घर आता है। मार-पीट करता है"

"तुम तो स्वयं इतनी अच्छी हो। फिर क्यूँ इधर-उधर जाता है?" – मेरे मुँह से अनायास ही निकला।
"अब मैं उसे अच्छी नहीं लगती"
"तुमने उसकी गर्ल-फ्रेंड को देखा है?"
"हाँ"
"कैसी दिखती है? बहुत सुंदर है?" – मेरी जिज्ञासा बढ़ती जा रही थी।
"नहीं, मेरे से भी काली है" – उसने नजरें उठा कर सर ऊँचा करते हुए कहा।
"फिर?"
"पता नहीं उसे उसमें क्या दिखता है? – स्वर में निराशा का भाव था।

उसे अपने काले होने का आभास था। मगर यह उसकी कमज़ोरी नहीं थी। उसका आत्मविशास था। वह स्मार्ट थी। रंग से क्या होता है? इंसान की पहचान चमड़ी नहीं दिमाग़ होता है। नैन-नक़्श तीखे थे। स्वभाव से ही गर्वीली थी। सर उठा कर चलती थी।

"वो क्या समझती है? मैं दोनो को ठीक कर दूँगी। मैं बंबई की लड़की हूँ। ये प्यार-व्यार क्या होता है? सब देखा है मैंने"।
फिर एक पल रुक कर बोली - "ये गर्ल-फ्रेंड क्या होती है? सब जानती हूँ"

मेरी जिज्ञासा का अंत नहीं था। इस शांत स्वभाव वाली लड़की को आज क्या हो गया है?
"क्या होती है गर्ल-फ्रेंड?", मैंने शांत स्वर में पूछा।
उसने आश्चर्य से देखा। फिर बोली, "पहले मीठी-मीठी बातें करके फँसाती है। फिर लूटती है। शादी की बात करो तो भाग जाती है।"
"अच्छा! मगर तुमने तो शादी कर ली। पहले तो तुम भी उसकी गर्ल-फ्रेंड थी" – मैंने छेड़ते हुए कहा।
"हाँ, कर ली। क्यूँकि, मैं उससे सच्चा प्यार करती थी। वो भी करता था। सब मरद ऐसे ही होते हैं। गर्ल-फ्रेंड बीवी बन जाए तो नई गर्ल-फ्रेंड ढूँढने लगते हैं"।

प्रेम – विवाह व रिश्तों पर उसका ज्ञान देख कर मेरे ज्ञान–चक्षु खुल गए। गर्ल-फ्रेंड की परिभाषा सुन कर ज़मीनी हक़ीक़त का एहसास हुआ। इतनी पुस्तकें पढ़ीं। प्रेम कविताएं व उर्दू शायरी भी पढ़ी मगर इतनी स्पष्ट और सटीक परिभाषा कहीं नहीं मिली।

इस बात को लगभग 2 महीने बीत चुके थे।

अब क्या हुआ? एक हफ़्ते से मुझ से ठीक से बात क्यूँ नहीं कर रही? बहुत पूछा मगर उसने कोई जवाब नहीं दिया। हार कर मैं चुप हो गया। वो आती तो मैं अख़बार पढ़ता रहता। फ्लास्क से कॉफ़ी निकाल कर पीने लगता। वह चाय कॉफ़ी कुछ नहीं पीती थी। नियत समय पर आती। 25 – 30 मिनट के बाद चली जाती।

अचानक . . .
"इतनी चम्मचों में कौन खाता है?" सुन कर ध्यान टूटा।
कॉफ़ी का घूँट गटक कर पूछा, "क्या कह रही हो? आज इतने दिनों बाद तुम्हारे मुँह से आवाज़ सुनी है। मैं तो भूल ही गया था कि तुम यहाँ पर हो"।
"आप अकेले रहते हो। फिर इतने बर्तन क्यूँ गंदे करते हो? मुझे कितना काम करना पड़ता है", पीड़ा भरे स्वर में उसने कहा।

"और कल जो मैंने तुम्हारे आने से पहले ढेर सारे बर्तन धो कर रखे थे? परसों रात मेरे दोस्त आए थे, खाना खाने। तब तो तुमने नहीं पूछा कि इतने बर्तन कहाँ से आए और किसने धो कर रखे हैं?" मैंने कहा।
"मुझे मालूम है"
"क्या मालूम है?"
"आपने दूसरी बाई लगा ली है" – रूआँसे स्वर में उसने कहा।

मुझे हँसी आ रही थी मगर हँस न सका। उसका दुखी चेहरा देख कर संयम रखा। "तो तुम्हें यह भी मालूम होगा कि वो कौन है? कैसी है?" मैंने परिहास किया।

"मुझे क्या मालूम? आप ही बताओ"

“तुम से भी काली है” – और ज़ोर से हँस दिया।
“अरे, वो मैं ही हूँ। मैंने ही वो सब बर्तन धो कर रख दिए थे।”

“क्यूँ किया, आपने ऐसा? जब मैं रोज़ आती हूँ? उसने शिक़ायत भरे स्वर में कहा।

मुझे तुम्हारा चुप रहना अच्छा नहीं लग रहा था। तुम्हारी चुप्पी तोड़ने के लिए मैंने ऐसा किया। और देखो आज तुम्हारी चुप्पी टूट गई।

“देवा रे देवा! मुझे पाप लगेगा” – उसके स्वर में पश्चाताप था।

“कोई पाप नहीं लगेगा। अच्छा, यह बताओ, इतने दिनों से चुप क्यूँ थी?”

"उस दिन मैं देर से आई । आपने बहुत गुस्सा किया। मुझे डाँट दिया। मेरा बच्चा बीमार था। मैं दवाख़ाने गई थी। मुझे आपसे ऐसी उम्मीद नहीं थी।"

“ओह! आई एम सॉरी!” मैंने खेद व्यक्त किया।

“सॉरी - वॉरी की कोई बात नहीं। मेरे होते हुए आपने दूसरी बाई लगाने की बात सोची तो मैं फिर से चुप हो जाऊँगी। सदा के लिए 'चुप'।

उकताहट

तन्हाई से उकता कर
एक दिन
मैं घर से निकल पड़ा।

तलाश में कि
कोई इंसान मिल जाए
जिसे देख सकूँ रू-ब-रू,
नज़रें मिला सकूँ,
गुफ़्तगू कर सकूँ,
कुछ कह सकूँ,
कुछ सुन सकूँ।

बहुत भीड़ थी,
जिसका मुझे अंदाज़ा न था।

मन भ्रम में रहा —
भीड़ है तो अच्छा है।
कोई तो मिल ही जाएगा
मेरी सुनेगा, अपनी सुनाएगा,
बतियाएगा, हँसाएगा।

दाएँ-बाएँ लोग गुज़र रहे थे
आती-जाती रेल की तरह —
आवाज़ करते, गुनगुनाते, कुछ बतियाते।
मैंने कोशिश की
नज़र मिलाने की,
नज़र मिला कर मुस्कुराने की।

किसी से नज़र न मिल सकी
हर कोई मशगूल था —
सर झुकाए बातों में।

न जाने क्या बातें?
न जाने किससे?
कितनी बातें करते हैं लोग?
थक कर मैं किनारे हो गया।

देखा तो गांधी मैदान आ गया था,
सामने रिक्शा स्टैंड था।

आशा बँधी —
यहाँ तो ज़रूर कोई मिल जाएगा
जो मेरे वतन का होगा।
रोटी के वास्ते घर छोड़ कर
मेरी तरह शहर आया होगा।

मुझसे मिलकर ख़ुश होगा,
अपना दर्द साझा है।
उसे भी याद आती होगी गाँव की —
अम्मा की, बापू की, चाचा की, ताई की।

हिम्मत करके आगे बढ़ के
मैंने कहा —
राम राम भैया!
कौन ज़िला के हो?

तो को क्या पड़ी है चिरकुट?
राम के नाम पे
क्या चंदा माँगत हो?
वोट चाहिए या सपोर्ट?
कौनो धरना, जलसा, प्रदर्शन है क्या?

५०० रुपए और बिरयानी,
आधी बोतल अंग्रेज़ी —
प्रति व्यक्ति का रेट है।
बोलो कितना माँगता है?

सुनकर मेरे होश गुम,
लब ख़ामोश हो गए।
दबे पाँव खिसक लिया,
घर का रस्ता धर लिया।

वापसी में फिर वही —
रेल की तरह गुज़रते लोग
दाएँ-बाएँ,
अपने-अपने मोबाइल में नज़रें गड़ाए।

तंग गलियों से गुज़रते
घर पहुँचा।

घर की तन्हाई मुस्कुराई।

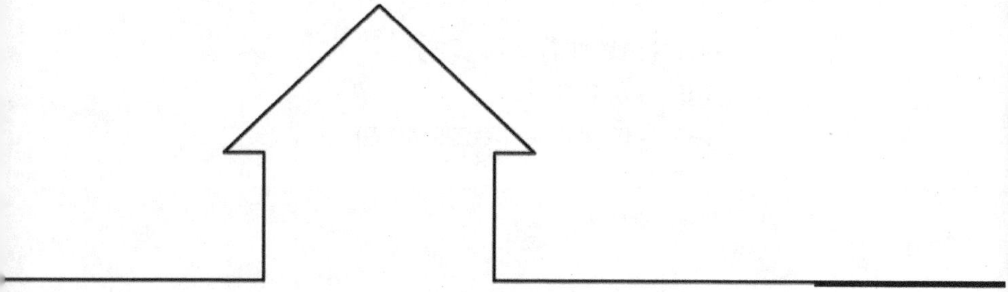

मुझसे पूछा —
'बाहर की दुनिया पसंद आई?'

मैं निःशब्द!
भावशून्य!
शोर से, भीड़ से, मुक्ति पाकर
बाहर की तन्हाई से
बेहतर लगी
घर की तन्हाई।

मेरी उकताहट जाती रही।

एक क्षण संतोष का

शाख़ से गिरा पत्ता
नियति से अनजान
झूमता – थिरकता – कुछ डरा डरा सा
उड़ता जाता
पवन-पंखों पर।

क्या होगा मेरा भविष्य?
भोजन बनूँगा
किसी प्राणी का
क्षुदा हरण कर
पाऊँगा सार्थकता – क्षण भर को।

कदाचित!
धूल बनूँगा सूख कर
मिट्टी बन मिट्टी में मिल जाऊँगा।
उर्वरक बन
भोजन बनूँगा
वृक्ष का।
जा मिलूँगा जीवन स्रोत से
पा जाऊँगा सार्थकता – शाश्वत।

या फिर
कदाचित
ईंधन की तलाश में
कंकरीले पथ पर विचरती
मुझे चुन लेगी कोई
कोमलांगी वन-बाला।

क्षुदा उसकी मिटाने को
झोंका जाऊँगा चूल्हे में
चिंगारी बन क्षण भर को
पा जाऊँगा जीवन–उज्जवलित – संतोष भरा।

क्षण भर ही पर्याप्त है
क्षण-भंगुर इस जीवन में।
एक क्षण संतोष का
हावी है
बरसों के निरर्थक जीवन पर।

अशांत

मार्च का महीना। पूना में, अमूमन इस महीने में गर्मी पड़ने लगती है। बीच-बीच में कभी उत्तर दिशा से तो कभी पश्चिमी व पूर्वी हवाओं से मौसम का मिज़ाज बदलता रहता है। मगर इस बार की बात कुछ अलग है। अप्रैल मई की गर्मी का अहसास अभी से हो रहा है। शौक़ीन को गर्मी सर्दी से कोई फर्क नहीं पड़ता। शौक़ बड़ी चीज़ है। चाहे वो चाय कॉफ़ी का हो या फिर सिगरेट - पान का हो।

सुबह की चाय का तो आनन्द ही कुछ और है। दिन की पहली चाय जैसे तपती गरमी के बाद जून के महीने में मानसून की पहली बरसात की बूँदें। चित्त को संतुष्ट कर जाती हैं। साथ में ताज़ा अख़बार इस लुत्फ़ को और बढ़ा देता है। भले ही पूरा पढ़ने के बाद कुछ भी नया न लगता हो, मगर अख़बार का होना ही काफ़ी है। इसकी ख़ुशबू और कुछ नया जानने की जिज्ञासा रोमांचित कर जाती है। मोबाइल अथवा लैपटॉप पर पढ़ने में यह आनंद कहाँ?

टन्न की आवाज़ हुई।

अरे! कितना वक़्त गुज़र गया। यह तो ज्योति के आने का समय है। अख़बार टेबल पर रख, चाय की प्याली और प्लेट को किनारे कर, उठकर दरवाज़ा खोला।

वही थी। मगर यह क्या? आज वो ठीक सामने देख रही थी। एकदम शांत। रोज़ाना तो अपने मोबाइल में नज़रें गड़ाए, चेहरे पर तनाव की नुमाइश करते हुए तेज़ क़दमों से 'हटो' बोल कर अन्दर प्रवेश कर जाती थी।

हैरानी से उसका चेहरा देखते हुए पूछा – 'क्या, ज्योति क्या बात है? सब ठीक तो है?'

'हो साहेब - सब ठीक है।'
चलो अच्छा है। मैने संतोष की साँस ली।

पिछले दो वर्षों से वो हर सुबह कोई न कोई नई समस्या के साथ ही अवतरित होती थी। २० - २५ मिनट के दौरान, सास ससुर, ननद और पति के अलावा

वो B4 वाली मैडम, पार्लर वाली मैडम, ऑटोरिक्शा वाला ड्राइवर और न जाने किस किस की चर्चा कर जाती। मुझे उसकी बातों में बहुत मज़ा आता। सेवानिवृत्ति के पश्चात सुबह के शान्त माहौल में उसकी बातें लाइव एंटरटेनमेंट थीं। मगर आज की बात कुछ अलग थी। चुपचाप अपने काम में लग गई।

बीच-बीच में गुनगुनाते हुए बड़ी मस्ती से काम करती जाती। पहले मेरे कुछ पूछने पर चिढ़ कर जवाब देती थी। आज नज़र चुरा कर मुझे ताकती, मुस्कुराती और फिर काम में लग जाती।

मुझे विश्वास नहीं हो रहा था कि यह वही ज्योति बाई है या उसकी जगह कोई और काम करने आई है। कुछ तो गड़बड़ है। मैने हाथ में लिया अख़बार रख दिया। अजीब सी शांति घर और मन को अशांत किए हुए थी। उसके फ़ोन की घंटी नहीं बज रही थी। उसके आने के बाद से ही किसी न किसी का फ़ोन आता ही रहता था। कुछ पल बीतने के बाद यह शांति कचोटने लगी। मुझसे रहा नहीं गया।

"ज्योति क्या बात है आज तुम्हारा फ़ोन क्यूँ चुप है?"
"साहेब, फ़ोन है ही नहीं। तीन दिवसा पूर्वी तुटला।"
"हो का!" - विस्मय से मेरे मुँह से निकला।
"हो, न!"
"तो क्या तुम तीन दिन से बिना फ़ोन के घूम रही हो?"
"हो साहेब"
"तुम ज़िन्दा कैसे हो? आजकल तो इंसान बिना फ़ोन के तीन घंटे रह नहीं सकता" मेरे आश्चर्य का ठिकाना न था।

"तेरा 'नवरा' कैसे बात करता है? तू कहाँ है? किसके साथ घूम रही है? आदि आदि"
"आता कोई मचमच नहीं साहेब।"
"और वो तेरी यह मैडम, वो मैडम? ज्योति कब आएगी? अभी तक क्यूँ नहीं आई? उनका क्या?"

"सब खल्लास"
"म्हणजे?"
"ऐका साहेब! फ़ोन टूट गया, अब कोई मुझे नहीं पूछ सकता। कोई चिल्ला नहीं सकता। मैं जब जाऊँगी तब जाऊँगी।"

"अरे! मगर...."
"अगर मगर कुछ नहीं, साहेब। बहुत शान्ति है। काम करो और घर जाओ। कितना त्रास देते सब लोग? यह फ़ोन सब झगड़े की जड़।"

फिर वो चुप हो गई। शान्ति असहनीय थी।

"मगर फ़ोन टूटा कैसे?"
"आपको तो मालूम है न साहेब! मेरा नवरा कैसा! रोज़ाना का झंझट। कहाँ गई थी? किसके साथ गई थी? रोज़ दारू पीना और झगड़ा करना। फ़ोन दिखाओ। किस से बात करती हो?"
"हाँ, मगर...."
"बस, वही तमाशा चालू था। मैने गुस्से में फ़ोन उसके सर पे पटक दिया। ख़ून निकला और फ़ोन टूट गया।"

"फिर?"

"फिर उसने मुझे मारा"
"फिर?"
"क्या फिर फिर...! यह तो रोज़ का ड्रामा है।"
"फिर क्या हुआ?"
"अब और कोई 'फिर' नहीं। सब खल्लास। शांति! ना फ़ोन - न कोई तंटा! ज़ाऊं मी आता?" और वो,"भला हुआ मेरी गगरी फूटी , मैं पनिया भरण से छूटी.." गुनगुनाते हुए निकल गई।

उसकी शान्ति मुझे अशांत कर गई।

सस्ता सौदा

चलो, आज फिर मिल जाएँ
यादें,
गुज़रे वक़्त की दोहराएँ।
जब हम तुम
मिले थे
पहली बार
इक अजनबी की तरह
रेस्तराँ में।

तुम घबराई सी
सहमी सी।
संकोच मुझे भी था।

तुमने मुझ से नज़रें चुराईं
मैंने तुम्हारा दिल चुराया।

चोरी किया हुआ दिल
आज भी मेरे पास है।
मगर, चोरी का है।
इसकी धड़कन मेरी न हो सकी।

आज शाम
उसी रेस्तरां में
कॉफ़ी पर
तुम्हारा सामान
तुम्हें लौटा दूँगा।

तुम नज़रें मत चुराना
मुझ से हाथ मत छुड़ाना।

मेरी आँखों में देख कर
ज़रा मुस्कुराना।

जैसे उस दिन मुस्कराई थी।

तुम्हारी मुस्कान के बदले
तुम्हारा दिल लौटा दूँगा।
मेरा 'गणित' कहता है
'सौदा सस्ता' है।

काश ! मैं इक पंछी होता !

काश !
मैं इक पंछी होता !
कोमल पंखों में प्राण भर,
पल भर में,
आ जाता तुम तक।

छू कर, तुमको सोते में मैं,
कानों में स्वर-संगीत छोड़ कर,
वापस,
उड़ान भर आ जाता
चुपके से अपने नीड़।

काश !
मैं इक पंछी होता !

पंखों में सपने भर लाता
रख देता
उनको सँजो कर
तुम्हारे सुंदर नैनों में।

तुम सोती रहती,
बेख़बर !
ज़माने की
तल्ख़ियाँ भुला कर।

स्वप्नलोक की सैर करती,
धीमे धीमे मुस्कराती।
नींद में - आँखे बंद किए
तकिया सीने से लगाती।

उड़ कर मैं तकिया बन जाता,
सीने से भी लग जाता।

काश!
मैं इक पंछी होता!

उड़ कर बैठ जाता
तुम्हारे मेज़ के कोने पर।

क़लमदान से,
क़लम उठा कर,
तुम्हारी तस्वीर बना देता।

और देखता रहता तुमको,
टक टकी लगाए।

काश!
मैं इक पंछी होता!

जब तुम लेती अँगड़ाई
उड़ कर चूमता – मुखर भाल,

और,
उड़ान भर आ जाता
वापस अपने नीड़।

तुम्हारे बदन की ख़ुशबू लेकर,
नैनों की चंचलता लेकर,
होंठों की मुस्कान चुरा कर।

स्मृतियों का खज़ाना होता,
कितना मैं धनवान होता,
कितना भाग्यवान होता।

काश! मैं इक पंछी होता!
काश! मैं इक पंछी होता!

अजनबी

अचानक
हम मिले
अजनबी शहर में
इक अजनबी की तरह।

निकटता का आभास
सुखद एहसास
अटूट विश्वास।

कितना प्यारा
यह साथ
प्रेम-भाव व त्याग से ओतप्रोत।

न कोई आशा
न प्रत्याशा
कभी बन जाता नशा।

नशा
जो किसी
व्यसन का मोहताज न था
अहंकार से मुक्त
प्रतिकार से मुक्त।

उसकी ख़ामोशी पर
मेरी साँसें रुक जाती
मेरी चुप्पी
उसे कतई न भाती।

फिर अचानक
न जाने कहाँ से
इक घुटन भरा धुआँ
पिंजरे का प्रतिबिंब
पंछी सी व्याकुलता।

प्यार की प्रकृति ही ऐसी है
न मिले तो व्यग्रता
मिल जाए तो विकलता।

दो पल प्यार के
साथ गुज़र जाएँ
बस इतनी ही प्यास थी।

शायद,
अपेक्षा से अधिक
पात्रता से अधिक
संभल न सका
छलकने लगा
बिखरने लगा
व्यर्थ होने लगा।

अभी भी समय है, प्रिये!
जीवन अभी बाक़ी है
सफ़र अभी बाक़ी है।

क्या इस सफ़र में
हम साथ हैं?
क्या अपना अहं त्याग
मिल पाएँगे
फिर से हम
उसी तरह
जैसे मिले थे – उस दिन - पहली बार।

इस अजनबी शहर में
इक अजनबी की तरह ।

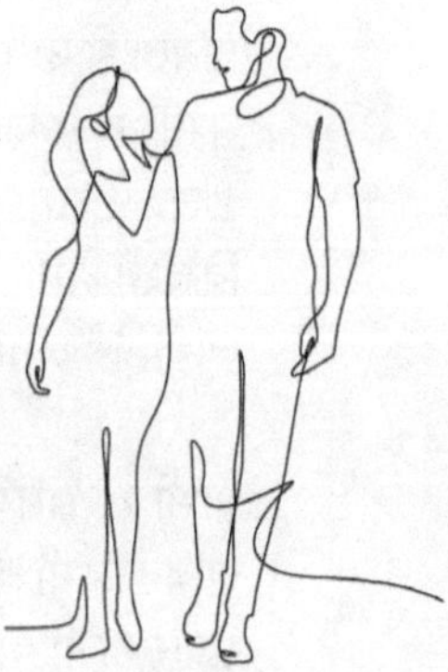

कॉमन फ़ैक्टर

मुझमें और उसमें कुछ भी 'कॉमन' नहीं था। फिर भी कुछ ऐसा ज़रूर था जो मुझे उसकी तरफ़ आकर्षित करता था। शायद उसका चेहरा। चेहरा बहुत सुन्दर हो ऐसा भी नहीं था। रंग गोरा ज़रूर था। कद सामान्य से ऊँचा। इकहरा बदन। बाल लंबे और सीधे, जो क़ुदरती मालूम नहीं पड़ते थे। प्लास्टिक की झाड़ू के महीन अवयव मालूम पड़ते थे।

कॉन्वेंट की अंग्रेज़ी बोलती तो लगता जैसे कोई रोबोट बोल रहा हो। चलती भी रोबोट की तरह। एक बार उसके ऑफ़िस जाना हुआ तो देखा एक ही वक़्त में तीन चार काम निपटाने में माहिर। मुझे जो कहना था बिना कहे ही लौट आया। उसने कभी पूछा भी नहीं कि मैं क्यूँ आया था।

आज बहुत दिनों बाद सुबह के वक़्त कंपनी गार्डन में सैर करते हुए सामना हो गया।
- हाय!
- हाय! हाउ आर यू? आफ्टर वेरी लॉन्ग! हॉप ऑल इज़ वेल।
मेरी साधारण 'हाय' के जवाब में इतने सवाल। मैं जब तक उन सवालों को हलक में पचाता वो दूर जा चुकी थी। मैंने राहत की साँस ली।

उस दिन एक 'शो रूम' के उदघाटन समारोह में आमना सामना हो गया। शो रूम का मालिक दोनों से परिचित था। मगर यह नहीं जानता था कि हम दोनों एक दूसरे से परिचित हैं। उसने परिचय कराने का प्रयास किया। मगर उसने कोई रुचि न दिखाई। मैं हैरान हो गया। शायद कोई संकोच हो ऐसा सोच कर रह गया।

२६ जनवरी की सुबह का माहौल देश भर में अलग क़िस्म का होता है। देशभक्ति के गीतों से सराबोर। इस दिन बजने वाले गाने किसी और दिन अमूमन सुनाई नहीं देते। अगर सुनाई पड़ जाएँ तो चित्त भ्रमित हो जाता है। झंडा फहराने के पश्चात मिठाई का वितरण एक परंपरा है। वैसे बिना मिठाई के हमारे देश में कोई भी कर्मकांड संपन्न नहीं होता। फिर यह तो देशभक्ति का पर्व है। मगर झण्डा फ़हराने और मिठाई के बीच में भाषण की रक़ीबाना मौजूदगी बहुत खलती है।

कभी एक मत न होने वाले देश भर के अर्थशास्त्री कम से कम इस बात पर अवश्य सहमत हैं कि मिठाई और कर्म-काण्ड का देश की अर्थव्यवस्था / gdp में महत्वपूर्ण योगदान है। यही कारण है कि हाल ही में एक हिंदी-भाषी राज्य के विश्वविद्यालयों में 'temple management' कोर्स की शुरुआत की जा रही है। इससे रोज़गार पैदा होंगे और अर्थव्यवस्था मज़बूत होगी। इन्शाअल्लाह!

वैसे हमारे देश में A I और GDP पर हर किसी की पकड़ है। कोई भी ऐरा ग़ैरा इन विषयों पर चर्चा कर सकता है।

मिष्ठान वितरण शुरू हुआ। मैंने नतमस्तक हो कर मिठाई का छोटा बॉक्सनुमा पैकेट क़ुबूल किया। पैकेट बड़ा मगर वज़न में कम लगा। ख़ैर कोई बात नहीं। दान की बछिया के दाँत नहीं गिने जाते। मिठाई का पैकेट लेकर मैं गार्डन में एक बेंच पर बैठा ही था कि उसकी महीन आवाज़ सुनाई दी।

ओह! माई गॉड। आप यहाँ?
क्यूँ ! मैं यहाँ नहीं हो सकता?
ओह नो! मेरा यह मतलब नहीं था। ख़ैर छोड़िए। और बताइए।
मैंने मिठाई खाने की नीयत से डिब्बा खोला -
"यह लीजिए मिठाई खाइए"
ओह नो! आई एम ए डायबिटिक। वेरी हाई शुगर।
ओह! सॉरी। मैं भी नहीं खाता।
क्यूँ? आर यू आलसो? आई मीन डायबिटिक?
जी - मैने कहा
मगर आप को कभी सुबह या शाम को वॉक करते नहीं देखा।
जी। अब किया करुँगा - मैने कहा।
ज़रूर करनी चाहिए। मैं सुबह ६ बजे आ जाती हूँ और ७ बजे तक,
आई वॉक रेगुलरली।

कुछ भी करने के लिए motivation की ज़रुरत होती है।
मुझे वह मिल गया।

अगली सुबह तैयार हो कर ६ बजे गार्डन पहुँच गया। वो भी आ गई। गोल गोल घूमते कभी आगे कभी पीछे कभी सामने से गुज़रने पर नज़र मिल जाती।

आधा घंटा टहलने के बाद मैं बेंच पर बैठा था कि थोड़ी देर में वो आई और दो फीट के फ़ासले पर बैठ गई।
आपका शुगर लेवल?
क्या? आपने कुछ कहा?
यस, आई ऑस्केड यौर शुगर लेवल।
जी। अच्छा है - मैंने कहा।
ओह! आई सी!
आप क्या मेडिसिन लेते हैं?
जी। वही जो डॉक्टर साहब देते हैं।
ओह! आई सी!
आप क्या परहेज़ करते हैं?
जी। वही जो डॉक्टर साहब कहते हैं।
ओह! आई सी!
अब मेरी बारी थी।
आपका शुगर लेवल?
वेरी हाई
ओह! आई सी! माफ़ कीजिए मुझे ऑफ़िस जाना है। कल फिर बात करेंगे। - कह कर मैं उठ खड़ा हुआ।

मुझे उसके प्रश्नों के उत्तर तलाशने थे।

शाम को अपने फ़ैमिली डॉक्टर को मिलते हुए घर लौटा। उससे प्राप्त जानकारी एक पर्ची पर लिख कर ट्रैक पैंट की दाईं जेब में रख दी। अगली सुबह वॉक करते हुए उसकी नज़र बचा कर एक दो बार निकाल कर पढ़ ली, जैसा स्कूल के इम्तिहान में किया करते थे।

आज मैं हर सवाल के जवाब के लिए तैयार था।
थोड़ी देर बाद बेंच पर बैठ गया।

मेरा आत्मविश्वास भरा चेहरा देख कर वो बोली - 'यू आर सो क्यूट'।

फ़ासले

हमारे बीच के फ़ासले
अभी ख़त्म नहीं हुए।

यह सच है
तुम बिन मैं अधूरी
और शायद
यही दास्ताँ तुम्हारी है।

यही सच्चाई है
मगर सच और झूठ में
फ़र्क़ ही क्या होता है?

जब तक
प्रेम है
आसक्ति है
सब सच लगता है।

झूठ स्वीकारने को मन नहीं करता।

क्या कारण है इस आसक्ति का?
महज़ आकर्षण
या
कोई पूर्व जन्म का बन्धन?

यह
मैं नहीं जानती
तुम नहीं जानते
कोई नहीं जानता।

आसक्ति
कब तक रहेगी
कोई नहीं जानता।

जब तक फ़ासले हैं
तब तक आसक्ति है।

फ़ासले ख़त्म होंगे
आसक्ति ख़त्म हो जाएगी।

फ़ासले जन्म देते हैं
आसक्ति को।

फ़ासले अनासक्त करते हैं।

क्या
फ़ासले मिटाना मोहब्बत है
या
फ़ासले बने रहें
यही मोहब्बत है?

आसान सवाल

पाँच वर्ष का समय किसी को जानने के लिए पर्याप्त नहीं होता। यूँ तो उन दोनों का रिश्ता शुरू से ही प्यार ओ' नफ़रत का था। फिर भी न जाने ऐसा क्या था जो दोनों को एक दूसरे का साथ न छोड़ने के लिए मजबूर करता था। झगड़ा करते। क़समें खाते। फिर कोई वास्ता नहीं रखेंगे। बस बहुत हुआ। अब और बेक़द्री बर्दाश्त नहीं।

फिर एक सप्ताह भी न गुज़रता कि मिल बैठते। कभी कॉफ़ी पर तो कभी एक ग्लॉस रेड वाइन पर। कोई गिला शिकवा न करते। यूँ मिलते जैसे कुछ हुआ ही नहीं। बस कुछ दिन कहीं व्यस्त थे इसलिए मिल न सके। यही उनके रिश्ते की मज़बूत डोरी थी जो अनेक झटकों व तनाव को झेल कर भी टूटी न थी। इला को अपनी आज़ादी पसंद थी। शिरीष को कोई ऐतराज़ न था। शुरुआत में वह अपना फ़र्ज़ मान कर उसे समझाने की कोशिश करता मगर वक़्त के साथ उसने अपने किरदार में तब्दीली की और महज़ पूछे जाने पर ही राय दिया करता।

उनके अनुभवों का फ़ासला उनके किरदार तय करता था।

शिरीष सुलझा हुआ मगर संकोची स्वभाव रखता था। उसे दूसरों की ज़िंदगी में झाँकने में कोई दिलचस्पी न थी। जब तक ज़रूरी न हो किसी से मिलने और बात करने से भी उसे परहेज़ था।

अपने संघर्षमय जीवन से यही सीखा था - "सबको अपना सलीब ख़ुद ही उठाना पड़ता है"। फिर क्यूँ व्यर्थ समय बरबाद किया जाए? मगर उसके लिए इला कोई 'अन्य' न थी। वह उसको अपना समझने लगा था। यहीं पर शायद भूल हो गई।

बड़ी मुश्किल से उसने स्वयं को समझाया। स्वभाव में परिवर्तन संभव न था। ज़ाहिर तौर पर कुछ न कहता मगर हमेशा उसका ध्यान रखता। हर ज़रूरत में वह क़रीब है इस बात से इला आश्वस्त थी। उसे स्वच्छंदता पसंद थी। मगर 'कोई उसकी चिंता करता है' यह विचार सुखद लगता था।

'भूत' अक्सर 'भविष्य' को निर्धारित करता है।

यदि ‘भूत’ से सीख लें तो भविष्य सुंदर हो सकता है अन्यथा ‘भूत’ एक बोझ के समान साथ चलता है। जीवन बोझिल लगने लगता है। इला ‘भूत’ से इतनी आतंकित थी कि कोई क़दम उठाने से पहले उसका ‘भूत’ सामने आ खड़ा होता। सवाल करता।

सवाल आसान थे मगर जवाब कठिन।

मानवीय संबंध अत्यंत जटिल होते हैं। साधारण अंकगणित की भांति इसमें ‘दो’ और ‘दो’ कभी ‘चार’ नहीं होते। प्रश्नों के उत्तर पाने के लिए कोई सहज कुंजी नहीं होती। प्रश्न समय के साथ प्रासंगिकता खो कर धीरे-धीरे काल के गर्त में समा जाते हैं। यहीं से रिश्तों की डोर की पकड़ ढीली होने लगती है। यहीं से परीक्षा की घड़ी आरम्भ होती है। दोनों को इस बात का एहसास हो चला था।

"आख़िर यह संबंध टूटता क्यूँ नहीं ?"

दोनों, इसी आसान सवाल के जवाब की खोज में भ्रमित हो एक दूजे का हाथ थामे, अनजान डगर पर डगमगाते, लड़खड़ाते, संभलते चलते जा रहे थे।

शायद ! इसी को 'प्रेम 'कहते हैं।

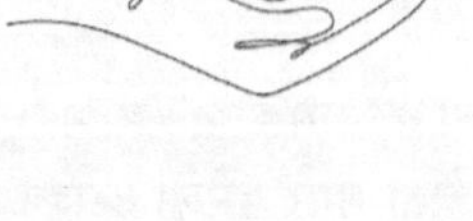

ब्रेक-अप

उसे छोड़ना आसान न था। हमारी मोहब्बत कोई आज कल की नहीं थी। बरसों पुरानी या यूँ कहिए कि दशकों पुरानी। कॉलेज के दिनों में हम रु-ब-रु हुए। मैंने हमेशा उसका बेसब्री से इंतज़ार किया। बहुत खुश मिज़ाज थी वो। चुटकुले सुनाती। कार्टून बनाती। पहेलियाँ बुझाती। मुझे बहुत मज़ा आता। उसको सीने से लगा कर रखता।

एक दिन भी अगर किसी वजह से न मिल पाती तो मुझे वह दिन सूना-सूना लगता। बीते दिनों की बातों से मन बहलाता। धीरे - धीरे उस पर मेरी निर्भरता बढ़ती गई।

वक़्त गुज़रता गया। वक़्त के साथ मौसम बदले। हम दोनों के मिज़ाज बदले, मगर मोहब्बत कम न हुई। दूरियाँ होतीं मगर जब भी फिर से मिलते पहले वाला प्यार उमड़ आता।

इधर कुछ अरसे से उसके मिज़ाज में ग़ज़ब का बदलाव आया। पहले वाली बेबाकी जाती रही। वो मुस्कुराहट, बिंदास चाल, वो ऐड़ा-पन सब जाता रहा। मुझे लगा कुछ दिनों की बात होगी, फिर सब ठीक हो जाएगा। मगर ऐसा कुछ नहीं हुआ। उसका अक्खड़पन बढ़ता गया। विचार-विमर्श की गुंजाइश कम होती गई।

बस वो बोले और मैं सुनूँ, यही वो चाहती थी।
मेरा उत्साह कम हो गया। अब मुझे इंतज़ार न रहता।
'मिले तो ठीक, न मिले तो बेहतर' जैसी कैफ़ियत रहने लगी। उसके आने की रफ़्तार कम होती गई। कभी कभी तो कईं दिनों बाद मुलाक़ात होती। कुछ मलाल न होता।

इधर तो हद्द ही हो गई। उसको ग़ुरूर होने लगा। मेरी क़िस्मत उसी ने लिखी है। वो जैसे चाहे मेरी तक़दीर बदल सकती है। उसकी आवाज़ ऊँची होती गई।

'तुम्हारी कोई हस्ती नहीं है'

'क्यूँ, गर मैं तुम से मोहब्बत न करता तो क्या तुम आज ऐसा कह पाती?'

'मुझे चाहने वालों की कमी नहीं। तुम नहीं और सही।'

अब मुझसे बर्दाश्त न हुआ। ग़ैरत हरगिज़ अज़ीज़ थी। तन्हाई में कोई हर्ज नज़र न आया। मैंने फ़ैसला कर लिया। बस, अब और नहीं।

आज सुबह ही vendor को फ़ोन किया - 'भई, अख़बार बंद कर दो'

ब्रेक-अप हुआ। विमुक्त हुआ।

ग़ज़ल - क़तरा-क़तरा

क़तरा-क़तरा वजूद झुलसता रहा,
आग सी लगी दिल दहकता रहा।

वो इक मख़्सूस ख़ुशबू छोड़ गया,
घर मेरा देर तक महकता रहा।

अब की बार क्या बारिश हुई,
आशियां टप टप टप टप टपकता रहा।

वक़्त की चाल में था अजब सन्नाटा,
हर नया लम्हा पुराने में सिमटता रहा।

रात ठहरी रही किसी सोच के साए में,
कोई ख़्वाब चौखट पे लरज़ता रहा।

इश्क़ की राह में एहसास का दरिया,
सदियों-सदियों निगाहों में झलकता रहा।

वक़्त के साथ थमी नहीं तिश्नगी 'अंजुम',
हर नया जाम पुराने से छलकता रहा।

लेखक परिचय : महेश बजाज

विज्ञान, गणित व भूगर्भ शास्त्र के स्नातक महेश बजाज कॉलेज के दिनों से ही लेखन कार्य में रुचि रखते थे। प्रतियोगिताओं हेतु कविता एवं निबंध लेखन से इस कला में निखार आया।

राष्ट्रीयकृत 'सेंट्रल बैंक ऑफ़ इंडिया' में सेवारत् रहते हुए देश के विभिन्न भू-भागों में कार्यरत रहे जिसमें उत्तर प्रदेश, बिहार, मध्य-प्रदेश, महाराष्ट्र व दिल्ली, चंडीगढ़, पुणे व मुंबई शामिल हैं। अखिल भारतीय सेवा के माध्यम से सम्पूर्ण भारत में भ्रमण एवं संपर्क का अवसर प्राप्त हुआ। सेवाकाल का एक महत्वपूर्ण अंश बैंक के आई० टी० विभाग में गुजरा। सेवा कार्यकाल के दौरान प्रबंधन, बैंकिंग व आई० टी० संबंधित विषयों पर साहित्य सृजन करते रहे। हिन्दी व अँग्रेज़ी लेखों का प्रकाशन राष्ट्रीय स्तर के "बुलेटिन्स व जर्नलस" में जारी रहा। भोपाल अञ्चल में बैंक की गृह-पत्रिका "सेंट्रल-ज्योति" की शुरुआत व इसका सम्पादन कुशलता से किया।

सन् 1986 से निरंतर पत्र-पत्रिकाओं के माध्यम से पाठकों से संवाद जारी रखते हुए निम्न प्रकाशन संभव हुए।

2000 - "My Experiments with Management"

2018 - "दस्तक" कविता-कहानी-लेख संग्रह

2020 – "कामिनी" काव्य संग्रह

2020 – "सफ़र" जीवन के अनुभवों व यात्राओं पर आधारित उपन्यास

2022 – "सहर होने तक" कविता, नज़्म व ग़ज़ल संग्रह

2022 – "बरगद" मो. जावेद अनवर की उर्दू कहानियों का हिन्दी अनुवाद

2024 – कथा संग्रह एवं संस्मरण – परछाइयाँ

2025 – साहित्यिक एवं कला मंच 'अंजुमन' पुणे द्वारा प्रकाशित काव्य संग्रह 'पलाश' का संपादन

साहित्यिक अभिरुचियों के फलस्वरूप अनेक सम्मान प्राप्त हुए।

बिहार हिन्दी साहित्य सम्मेलन, पटना द्वारा –

1. "महाकवि आरसी प्रसाद सिंह पुरस्कार – 2018"
2. "राजा राधिका रमण प्रसाद सिंह – 2020"

एवं

3. राष्ट्रीय हिन्दी परिषद से "साहित्य शिखर सम्मान – 2022" सिक्किम के महामहिम राज्यपाल के कर-कमलों द्वारा गंगटोक में प्राप्त हुआ।
4. महाकवि पोद्दार रामावतार 'अरुण' सम्मान – 2024 (बिहार हिन्दी साहित्य सम्मेलन, पटना)

संप्रति, पटना से महाप्रबंधक के स्तर से सेवा-निवृत हो, पुणे में निवास करते हुए साहित्य सृजन में रत् हैं। नवोदित लेखकों / कवियों को प्रोत्साहन व मार्गदर्शन देने में रुचि रखते हैं।

उपनाम "अंजुम लखनवी" से हिन्दी-उर्दू कथा, कविता / नज़्म एवं ग़ज़ल का लेखनकार्य निरंतर जारी है।

इनकी कुछ ग़ज़लों का "सांगीतिक रूपांतरण" भी किया गया जिसे श्रोताओं द्वारा अत्यंत सराहा गया है।

www.ingramcontent.com/pod-product-compliance
Lightning Source LLC
LaVergne TN
LVHW100333210926
848480LV00003B/1323

* 9 7 9 8 9 0 5 6 0 3 8 5 3 *